封印されたノストラダムス
世界崩壊の黙示録

国際政治経済学者
浜田和幸

ビジネス社

はじめに

2025年を迎え、世界は混沌《こんとん》の度合いを深める一方です。目前の物価高や雇用不安はもちろん、富士山の大噴火や南海トラフ大地震などの自然災害の恐れもあれば、台湾有事など戦争のリスクも間近に迫りつつあります。それやこれやで、かつてない波乱の予兆を感じている人が多いのではないでしょうか。

そうした激動の時代を安全に航海するうえで命綱になる「羅針盤」を提供してくれているのが、ノストラダムスです。この名前を聞いたことのある人は多いと思います。けれども、彼の書き残した未来へのメッセージとしての「予言」をしっかりと受け止めている人は少ないようです。

彼が活躍した16世紀から今日まで、その予言は未来に関心を寄せる世界の人々の間で常に話題となってきました。占星術を学び宇宙の神秘を解き明かしながら、地球や人類の未来を切り開く羅針盤を4行詩という表現で書き残した人類史上稀《まれ》に見る天才的未来学者です。500年前に彼の肉体は滅びましたが、その予言はいまだに生き続けています。

もちろん、読む人や受け取る側によって解釈は多様に変化してきました。それでも時代を越えて多くの人々の心を鷲摑《わしづか》みにしてきた大予言者のメッセージは、国際政治の趨勢《すうせい》を見定めるうえで参考にすべき宝の山と言えるでしょう。

筆者はアメリカで8年間、議会調査局（CRS）や戦略国際問題研究所（CSIS）と呼ばれるシンクタンクでの仕事の傍《かたわ》ら、未来研究議員連盟のゴア上院議員らと親しくなる機会を得ました。その関係で「ノストラダムス協会」との接点もでき、今でも交流を重ねています。

彼は今を生きるわれわれに、歴史から教訓を得ることを「予言」を通じて訴えているのです。そして彼の予言は3797年まで続いています。ということは、少なくとも人類はあと1700年余り生存していることになるでしょう。

では、2025年の世界と日本はどうなるのでしょうか。解釈はさまざまですが、2025年に関する彼の3大予言は「予言1：第3次世界大戦の始まり」「予言2：異常気象と大規模な自然災害」「予言3：世界的な指導者の相次ぐ逝去」です。それぞれ第2章、第3章、第4章に書きました。

さらに、これら以外にも彼の予言に基づいて今日の国際情勢を鑑《かんが》みながら２０２５年の国際政治の進む方向を展望してみました。それが第５章の「人口減の予言：食料危機と感染症」と第６章の「日本関連の予言：米中印北朝鮮との付き合い」です。

本書が世紀の大予言者の警告と忠言を改めて噛みしめる機会となれば、幸いに存じます。

浜田和幸

２０２５年１月吉日

もくじ

歴史的な予言の真相

不安を煽るための利用

第2章

予言1：第3次世界大戦の始まり

終わりの見えないウクライナ戦争

ガザ危機も依然として続いていく

こうして第3次世界大戦が勃発する

世界での新しい勢力の台頭

第5章 人口減の予言：食料危機と感染症

第6章 日本関連の予言：米中印北朝鮮との付き合い

ノストラダムスの関連年表

１５０３年12月14日	誕生。
１５１８年頃？	アビントン大学で自由七科を学んだとされる。
１５２０年	学業を中断したと推測されている。
１５２１年	各地を遍歴し、薬草の採取や関連する知識の収集につとめる。
１５２９年10月23日	モンペリエ大学医学部に入学。
１５３１年	アジャンでアンリエット・ダンコス（Henriette d'Encausse）と最初の結婚。
１５３０年代後半？	最初の妻と子どもをペストで失う。以降、放浪したとされる。
１５４０年代	手稿『オルス・アポロ』を執筆。
１５４６年	エクス＝アン＝プロヴァンスでペストの治療に当たる。
１５４７年	サロン・ド・クローに転居。以降、定住。
１５４７年11月11日	アンヌ・ポンサルド（Anne Ponsarde）と再婚。
１５４９年	１５５０年向けの暦書類を刊行する。以降、１５５１年向けを除き、１５６７年向けまで毎年刊行される。この一連の刊行物の中で初めて「ノストラダムス」の名を用いたとされる。
１５５１年頃	長女マドレーヌ誕生。
１５５３年11月	翌年向けの暦書類について粗雑な版を組んだ業者とトラブルになる。
１５５３年12月18日	長男セザール誕生。
１５５４年	『3月10日の7時から8時の間にフランス・サロンの町で多くの人に目撃された恐るべき驚異の光景』がニュルンベルクで出版される。

1555年	『化粧品とジャム論』の初版を刊行する。
1555年5月4日	『ミシェル・ノストラダムス師の予言集』の初版を刊行する。
1555年8月	国王アンリ2世と王妃カトリーヌ・ド・メディシスに謁見。
1556年頃	次男シャルル誕生。
1556年	アントワーヌ・クイヤールが『ル・パヴィヨン・レ・ロリ殿の予言集』を刊行する。これは『予言集』のパロディであり、最初の風刺文書である。
1557年	『ガレノスの釈義』初版を刊行する（翌年には再版される）。
1557年9月6日	『予言集』の増補版を刊行する。
1557年11月3日	三男アンドレ誕生。
1557年11月3日	『予言集』増補版の粗雑なコピーが刊行される。
1557年頃	イタリア語訳版の暦書が刊行される。初のイタリア語訳版。
1557年	『ノストラダムスに対するエルキュール・ル・フランソワ殿の最初の反論』が刊行される。この頃からノストラダムスを非難する文書が複数刊行される。
1558年	『予言集』の完全版が出されたという説もある。
1558年	ノストラダムスへの批判書の1つ『エルキュール・ル・フランソワ殿の最初の反論』が再版される（タイトルが「モンストラダムスに対する」になる）。同じ年にジャン・ド・ラ・ダグニエール、ローラン・ヴィデルらも中傷文書を刊行した。
1559年	英訳版の暦書類が刊行される。初の英訳版。
1559年7月10日	アンリ2世が没する。ノストラダムスはこれを予言していたとされるが、彼の生前に喧伝されていた詩（百詩篇第3巻55番）は、現在結び付けられている詩（百詩篇第1巻35番）とは別の詩である。

1559年12月15日	次女アンヌ誕生。
1560年	ロンサールが『ギヨーム・デ・ゾーテルへのエレジー』においてノストラダムスの名を詩に織り込む。
1561年	夏ごろ、ジャン・ド・シュヴィニー（のちのジャン＝エメ・ド・シャヴィニー）を秘書として雇う。
1561年	三女ディアーヌ誕生。
1561年頃	パリで『予言集』の海賊版が刊行される。この版を刊行した業者バルブ・ルニョーは、前後する時期に、暦書の偽版2種類と海賊版と思しき版1種類も刊行している。
1563年頃	この頃から「ミシェル・ド・ノストラダムス（Michel de Nostrdamus, Mi. de Nostradamus）」と名乗る偽者が著作を発表し始める。
1564年10月17日	フランス全土を巡幸していた国王シャルル9世と母后カトリーヌ・ド・メディシスがサロンを訪れ、ノストラダムスと会見。ノストラダムスはアルルで、「常任侍医兼顧問」（Conseiller et Medecin ordinaire au Roy）の称号を受けたとされる。
1566年	『王太后への書簡』を刊行する。
1566年	オランダ語訳版の暦書が刊行される。初の、そして唯一のオランダ語訳版。
1566年6月17日	公証人を呼んで遺言書を口述（6月30日に追補）。
1566年7月1日	秘書シュヴィニー（シャヴィニー）がノストラダムスの就寝前に最期の言葉を交わしたとされる。
1566年7月2日未明	長男セザールによってノストラダムスの死が確認される。

ミシェル・ド・ノストラダムス――薬剤師、作家、翻訳家、占星術コンサルタント。1503年12月14日に生まれ、1566年7月2日に死亡。サックス・ローマー著『屠殺物語』（1914年）の挿絵から。

序章

ノストラダムスの人物像

「人間というものは、どの時代でも似たようなことを繰り返している」

学者だった2人の祖父から受けた教え

最初に、ノストラダムスという大予言者の生い立ちと人となりについて述べておきます。彼は、コロンブスがアメリカ大陸を発見してから11年経った1503年12月14日に、9人兄弟の1人として南フランスでこの世に生を受けました。ユダヤ教徒の父親は公証人をしており、彼がまだ幼い頃にカトリックに改宗しています。

彼は14歳になるとフランスのアビントンという町の大学で宗教学を一生懸命に学びました。学生時代にはカトリックの教師と常に対立していたとされています。卒業は1522年でした。

もともと彼はノストラダムスという名前ではありません。大学を卒業した時点で、本名を新しい名前に変えたのです。それまでは「ミシェル・ド・ノートルダム」という名で、ノートルダムをノストラダムスに変えたのにはいろいろな意味が込められていたと、筆者は理解しています。

当時のことを調べてみると、大学を卒業して新しい人生を歩み始めるときに自分の名前をある程度工夫して、将来、仕事で成功できるように名前を変えるというのが流行していたらしいのです。

いずれにせよ、ノートルダムをノストラダムスというラテン語式に変えたのは大成功だったと言えるでしょう。日本人を含めた海外の読者にとっては、ノートルダムよりもノストラダムスという名前のほうが想像力を掻《か》き立てられる効果が高いのは確実です。後にビジネスとしての占星術を広めていくうえでも名前を変えたことには大きな意味があります。彼には早い段階からそういう才能あるいはひらめきがあったのでした。

彼の家系の人々は例外なく頭脳明晰《めいせき》でした。父方と母方の祖父は共に学者で、1人は医者、もう1人は外国の言語を教える仕事をしていました。優秀な祖父2人に恵まれていたため、彼は小さい頃から数学や外国の言葉などの指導を受けて育ったと言われています。だから彼はフランス語のほかにラテン語、ギリシャ語、ヘブライ語などの外国語も堪能で、予言の書をフランス語だけではなく、さまざまな外国語を交《まじ》えて書くことができたのです。これにも十分な理由があることは後ほど説明します。

占星術についても彼は小さい頃から祖父に指導を受けていました。空を見上げて星を眺め、宇宙の動きに注意を払い、さまざまな自然界の流れや動きを感じ取りながら、自分の人生の行く末、運命、人間、地球の在《あ》り方というものに深い関心を持って育ちました。それで、地上に住んでいるわれわれ人間がどういうような生き方をすれば、宇宙の中を構成している天体が喜んでくれるのか、ということにも考えを巡らせたのです。

当然ながら当時は今のように科学が発達しておらず、占星術も立派な学問として扱われていて、宇宙や天体の動きを観察し、それが地上にどういう影響を起こすのかを数学的に解きほぐす1つの領域でもありました。

また、太陽や月の動きで地球上の自然界の動きも変わっていくわけですが、占星術は、季節の移り変わりに太陽や星がどういう影響を及ぼすのかを明らかにし、変化する自然が人間の営《いとな》みにどう影響を及ぼすのかを研究します。その点で人々の生活にとっても大事な学問だったのです。

彼は祖父が医者だったこともあってもともと医学を志し、最初は医学の道を目指しました。しかし同時に占星術という分野にも変わらぬ関心を持ち続けました。

彼はアビントン大学で宗教学のほかに医学や占星術を学び、卒業すると自分の名前を変えて医者としてフランス各地を転々と回ることになったのでした。

大流行していたペストの治療に取り組む

フランスでは当時、ペスト（黒死病）が蔓延《まんえん》していました。今と違って治療薬などないので、どうやってこのペストから身を守るかとなると、まずはいわゆる瀉血《しゃけつ》をすることになりました。病の原因は悪い血が体内で悪さをして死に至らしめるからだという見方が一般的だったからです。

瀉血によって悪い血を体内から外に出すこと以外にも、ニンニクをたくさん詰め込んだ洋服を着てニンニクのパワーで感染症のウイルスを追い払うとか、水銀を体内に取り込んでペストの源《みなもと》を水銀の力で抑えるといったような民間療法も当たり前に行われていました。とはいえ、なかなかペストは克服できません。

そこでノストラダムスは、病に効きそうな植物をいろいろと集めてみたところ、特にビタミンCが豊富と言われているバラの葉や実を使う、独自のハーブ療法というものに行き当たりました。ほかにも、「空気とか水をもっときれいにしましょう」とか「脂肪分の多いものを食べるのを控えましょう」とか「住まいの中のベッドなどの居住空間をもっと整理整頓し、清潔に保ちましょう」といった生活改善のアドバイスをあちこちで行ったのです。

そうしたことがしばしば効果を発揮し、病気が治った人たちやペストにかからない人たちも現われるようになりました。彼はまだ若くして行く先々で大変な評判を勝ち取り、「あの先生の言うことはもっともだ」という噂が広がっていきます。お陰で地元のお金持ちの

疫病を避けるためにガスマスクをした医者（パウル・フュルスト画、1656年）

人たちからもずいぶんとプレゼントや金品をもらったらしいのですが、彼は一切それを自分のポケットには入れずに貧しい人々に全部プレゼントして回った、ということも伝わっています。

これは、自分が恵まれているのだから恵まれない人に施《ほどこ》しをすれば、宇宙を支配する天から喜んでもらえるという確信が彼にあったためだと思われるのです。

主流派と一線を画した独自の占星術

ノストラダムスは1529年に入学したモンペリエ大学から医学博士号を修得し3年間教鞭を執ったものの、病気を治すための先進的な発想などが医学の保守派から過激だとの批判を受け、退職を余儀なくされます。

しかし1544年にフランスでペストが再び流行したときには彼の治療で多くの人々が命を救われました。そうした人々からはますます感謝され、占星術に基づく暦も良く売れたようです。このように多くの人たちからの高い評価や信用を得ることができたというベースがあってこそ、後の予言集が評判になっていくのです。

占星術は千差万別で、いろいろな流派、いろいろな学説がありました。要するに、占星術は天体の動きを観測して、それが地球上の人間に対してどういう影響を及ぼすのかという学問なので、研究する人によって解釈も違ってきます。彼も独自の占星術を生み出して、来年はどうなる、再来年はどうなるという暦を書いていたのですが、当時の占星術の主流派からはあまり評価されていなかったようです。

彼は小さい頃から自分なりに工夫していろいろと考え、想像力を膨《ふく》らませ、宇宙の動きというものを自分なりに理解してきました。しかし彼の方法は、当時の占星術の主流派の人たちがそれなりに確立した分析方法とは一線を画していたのでした。

主流派の人たちは、宇宙の星の動きと1人ひとりの個人がいつどこで生まれたのかを見ていきました。生年月日、生まれたときの状況、時間、場所といったものと天体との関連性を重視したのです。つまり、そこから解きほぐしていき、「これからあなたは、こういうことに注意して、こういう生き方をすべきです」とアドバイスをするのが、占星術の主流でした。

彼は宇宙の動きには関心を持っていても、「個人個人がいつどこで生まれたかなどは関係ないだろう」という立場であり、そこが当時の占星術の主流派とは相容《あいい》れなかったのです。占星術師の間であまり評判が良くなかったのも当然かもしれません。

彼はペストと戦った経験に基づいて、人体の解剖に関する本を翻訳したり、健康的なライフスタイルを進めるためのアドバイスの本を出版したり、占星術に基づいた暦を出版したりするようになりました。生来の無口ゆえに、熟慮を重ね、多くを語らずに著作に邁進《まいしん》したわけです。「断食、祈禱、施し、忍耐」も彼のライフスタイルでした。

暦については「来年は占星術の観点からいくと、こういう星の巡り合わせだから、こういう時期にこういった作物を植えて、こういうときに収穫するのがいいですよ」というもので、それも農家や商業従事者たちの間で「とても役に立つ、有効な情報だ」と大変な評判となって、１５４９年ころから１５６６年ころまで15年間にわたって毎年出版されました。

的中したフランス王家に対する予言

１５５６年当時、パリにアンリ２世という王様がいました。王妃は政治的野心が旺盛で、自分の夫との間にできた７人の子供の未来がどう展開するのかということに大きな関心を持っていました。それで当時、高い評価を得ていたノストラダムスの評判を聞いてパリに招き、息子たちの行く末を占わせたのです。

そのときに彼は、「７人の子供のうち４人の男の子たちは皆、王位を継承して王様になりますよ」と断言しました。この予言によって王妃はとても安心し、実際に4人とも王位を継承したのです。ところが、継承するとすぐさま次々といろいろな理由で命を失ってしまいました。「王位を継承できる」という予言は正しかったけれども、「4人の息子たちは次々に死ぬ」ということは伝えていなかったのです。ただし4人の王子が実際に王位を継承し、その後に亡くなるのはノストラダムスがこの世を去った後のことでした。

当時、フランスは国王一家に左右されていたのですが、国がどうなってしまうのか、先のことは見えませんでした。王妃にすれば、自分の一族がちゃんと生き残れるかどうかだけが最大の関心事だったのです。

アンリ2世も1559年の槍の大会において、馬上で対戦した若い騎馬兵の槍に目を突かれて失明しただけではなく、その槍が脳に到達して落馬し、それから1週間ほどで命を失ってしまいました。実は彼は、アンリ2世がそういう不幸の死を遂げることも王妃に告げていました。そのため、王妃はますます彼にすがるようになっていったのです。

こうした経緯からフランス王家は彼を王妃のお抱えの顧問にして厚遇を与えるようになりました。王妃の顧問という高い地位に就いても、彼は、自分はそうなって当然だというような受け止め方をしませんでした。睡眠時間も平均4時間ぐらいで祈禱《きとう》を行ったり、いただき物も貧しい人々に分け与えたりする生活をずっと送った、と言われています。

トランス状態のなかで天の啓示を授かる

フランス王家と関わりのある環境のなかで、ノストラダムスは医療や占星術の専門家の道を歩んでいきました。フランスやイタリアをはじめヨーロッパ各地も訪ね、前述したようにペストに対する治療薬としてバラの葉や実をうまく使ったハーブの薬を開発するなどして、多くの人々から尊敬と支持を得ながら実際にペストの患者の命を救うという慈善活動を重ねていきました。

ところが、彼がヨーロッパのあちこちを回ってペストの患者の治療に当たっている間に、最初の妻と男女の2人の子供が当のペストに感染して次々に命を失ってしまいます。妻の両親から「何だ、うちの娘と結婚して、ペストを治す薬をつくって、あちこち治療活動で飛び回っていると言いながら、自分の一番大事な妻や子供をペストで失わせるようなことをやった。これは許しがたい」と非難されたのです。妻の両親はけっこう豊かだったようなのですが、「結婚のときの持参金を全部返してくれ」と言われるところまで関係が悪化してしまいました。

彼としても、フランスのあちこちで感染症が蔓延しているため、行った先々で生活改善や治療のための指導をしているうちに妻や子どもたちの命を失わせてしまったわけですから、そうとう落ち込んだようです。この心の傷がなかなか癒《い》えないので、妻と子供たちを失った後6年間にわたって放浪の旅に出てイタリア各地を回りました。

その旅の途上、彼は占星術を極《きわ》めるだけでなく、医療の面でも新しい試みを次々と成功させていきます。ほかにも、新しいビジネスにつながるようなジャムや化粧品、特にスキンクリームをつくったり、今でいうバイアグラに近いようなラブローションを開発したりして、それらのつくり方の解説書を出版したりもしました。

けれども、自分の妻や子供たちを失ったという懺悔《ざんげ》の気持ちが払拭《ふっしょく》できず、夜な夜な、水とハーブを入れた洗面器を前にして瞑想状態に自分を追い込むことを繰り返しました。すると、そうしてトランス状態になったら天から啓示のようなものが降りてくるという経験をするようになったのでした。

言い換えると、未知の世界と対話して、これから未来がどうなっていくのかを考えるなかで予言の啓示を天から授かるのです。4時間ほどの睡眠時間でそんな日々を意図的に繰り返し、自分の使命を新しい生き方に見出《みいだ》していくようになりました。それで降りてきた啓示を書き留めて、それを4行詩にも活《い》かすようになったのです。

4行詩の予言集を出す前年の1554年に彼はマルセイユに移住したのですが、そこでも感染症、疫病が蔓延していました。ところが、この町にはお医者さんが1人もいなくなってしまいました。というのも、お医者さんたちはこんなところにいたらいつ自分も感染するか分からないというので、難を逃れるため町を出てしまったからです。

彼はそんなマルセイユに1人だけ滞在し続け、各地で開発した治療薬や健康的で清潔なライフスタイルを伝導して回ったのでした。

やがてようやくその効果が現われて、疫病も治まりました。当時、彼は44歳。マルセイユでは大金持ちの未亡人と再婚することになり、女の子3人、男の子3人、計6人の子供をもうけます。このうち長男は彼の啓示などの知的遺産をうまく活かして自身のビジネスにも役立てる本を出版するなど、今でいうコンサル業に邁進しました。

ノストラダムスは、多くの先人たちが書き残した歴史の書物を熟読するなかで「人間というのはどの時代でも似たようなことを繰り返している」ことを学んでいきます。それが自然災害であったり、宗教対立であったり、はたまた戦争であったり、感染症であったりするわけですが、これはもう人間の度し難い性《さが》のようなものだと悟るのです。

だから自分が亡くなった後、500年先だろうと、1000年先だろうと人間の性というのは変わらないことを確信し、今日になっても読まれ続けている予言の書を1555年に出版したのでした。

未来を紐解《ひもと》く天才的なノストラダムスも1566年7月1日、痛風から水腫となり、死亡しました。亡くなる前夜には弟子に向かって「明日の朝には自分はこの世から離脱している」と予言し、その通りになったと言われています。

第1章
予言の威力

「人間は工夫を重ね、新たな生命に翼を与えるだろう。金属製の心臓で人間は死を克服し、残酷な地獄への道から逃れることができるようになる」

4行詩の多様な意味

充実した人生を送るには意識革命が必要

ノストラダムスは自身の歴史観、あるいは広い意味で時空を超えた宇宙空間というものに根ざした4行詩（1000近くの予言）の詩集を1555年に出版しました。

しかも彼は息子に宛てた遺言のなかで「自分の予言は1555年から3797年まで」と述べています。少なくとも3797年までは世界は生き残っていると読めるわけで、4行詩では2000年以上先まで予言しているのです。彼は「地球がなくなるとか、どこかから隕石《いんせき》が飛んでくるとか、宇宙人が攻めてくるといったことはない」ともはっきり言っています。

彼の予言には「1999年の7月に地球も人類も終焉を迎える」「2025年7月に大きな災害で東京も全部水没してしまう」などという解釈もなされてきました。しかし同様に、そんなにすぐ地球や人類が滅亡するわけではありません。

また、彼は息子に直接、「自分が書き残した4行詩の本当の意味が人々に分かってもらえる時代が来るのは、おそらく２０５５年まで待たなければならない。それまで自分の予言の真意は分からないだろう」とも語っていました。逆に言うと、彼が４行詩を書いた１５５５年から５００年後の２０５５年まで時間が経って初めて自分の詩の真意が分かってもらえるということでもあるでしょう。

４行詩には旧約聖書、占星術の本、解剖の書をはじめ、彼が生きた16世紀以前にヨーロッパのさまざまな国の人たちが書き残した多種多様な分野の専門書から外国語を交えて数多くの引用があります。そうやって彼自身が元の本から独特の解釈で読み取ったものを巧《たく》みに散りばめている４行詩からは、前向きな予言やこれから人類が滅亡するかもしれないといった後ろ向きの予言などが、さまざまな形で読み取れるようになっています。

ただし彼は「充実した幸せな人生を送るためには１人ひとりが意識革命をする必要がある。自分はその意識革命にとって役立つような、想像力を膨らませることに役立つような４行詩を書いた。人類の英知として残されていた旧約聖書をはじめ多くの専門家が残した書籍の中からエッセンスを抽出してきて４行詩をまとめたのだ」とも力説しています。

後世ではいくらでも自由に解釈できる

ノストラダムスが書き残したものや息子への遺言を読んでみると、結局のところ、これからの2000年先の未来の出来事を「自分が予測したり予言したりすることは一切考えていない」と言っています。実際、具体的に「いつ」「どこで」「どういうことが起こる」と書き記したものはほとんどないのです。

たとえば「宇宙人が地球に飛来して、人類が宇宙人とも接触を持つことも当然起こり得る」と読める4行詩はあります。やはり、これにも「いつ」「どこで」が欠落している。つまり、「ある出来事が起こるとしても、いつ、どこでという具体的な時間や場所を特定することには意味がない」というのが彼の立場なのです。

もちろん「1999年の7月に天から大王が降りてきて地球が滅びる」と読み取れるような具体的な数字が書いてある4行詩もあります。これは例外であって、大部分の4行詩は後世の人たちがいくらでも自由に解釈できるという筋立てになっているのです。

同時に彼は「自分が先々のことについて詩を書き残したのは、未来の人たちの人生と地球や宇宙との関わり方について警告を発するのが目的だ」とも記しています。というのも、

「警告に基づいて自分でちゃんと考えてほしい。想像力を働かせてほしい。そのための一助になればうれしい」との思いがあったのです。

言い換えれば、彼は「自分の予言は未来の予測ではなく、あくまで警告であって、そのためには過去の歴史から学ぶ必要がある」と考えており、「一番大事なのは歴史から教訓を学び取ることだ」とも繰り返し説いています。併《あわ》せて、「人間は生まれて死んでいく、多くの国は誕生しては滅ぶ。この世の中には対立や戦争、宗教の戦いなどいろいろなことがあるけれども、これらは歴史を紐解けば、時代を越えて繰り返す人間の営み、宇宙の営みにほかならない」と言うのです。

彼の4行詩は、ひょっとすると間近に大きな災害が迫っているのではないだろうか、あるいは、大きな宗教対立から戦争が起こるのではないだろうかなどと想像力が掻き立てられて、さまざまな読み方、解釈ができるものなのです。逆に言うと、彼は人類の歴史を踏まえて後世の人のために多様な解釈ができるような4行詩を多言語で残したのだと思われます。

歴史から学ぶことはとても大事で、彼は歴史を紐解きながら人間や地球がどういうプロセスを経て当時の状況に至ったのかを常に研究していました。その研究の成果を踏まえて未来に向けての予言を4行詩として書き残してくれたのです。それは来るべき未来への警鐘、警告のメッセージにほかなりません。

4行詩による純粋な未来の人類に対する警鐘、警告は、彼の独自の価値観の表明であり、いつの時代にも当てはまり、どのようにでも解釈できるようになっています。だからこそ、われわれも「これはきっとこういう意味だろう。彼は予言としてわれわれにその警告を発していたに違いない」という読み方ができるのです。

500年前の4行詩に込められた彼の渾身《こんしん》の思いは貴重な人類の宝と言えます。じっくりと噛みしめ、五感を研《と》ぎ澄ませながら味わってみなければなりません。

大惨事の被害を極力少なくする心の準備

ノストラダムスの生きた500年前と今とでは環境も状況もまったく違いますが、根源的な人間の営みは変わりません。人間がどこに幸福感、充足感を見出すことができるのかは100年前も500年前も1000年前も基本的には同じなのです。

だから彼は、人間が欲にかられている限りは必ず戦争も終わることがないと知っていました。戦争というのは領土を拡張する行為です。なぜ領土を拡張するのでしょうか。やはり資源が欲しいからです。人間の欲が分かっていないと防ぐ手立ても講じられないはずなので、彼の使命は、人類の抱えている欲も含めた性にちゃんと目を向けて、1000近くの4行詩に「地球や人類が滅びることのないように、何ができるかということを考えてください」というメッセージを込めたとも言えます。

また、長い人類の歴史で戦争のほかにも暗殺であったり、感染症であったり、災害であったりと同じことが繰り返されてきたとはいえ、同じような出来事であってもそのときの状況によって前とは違う意味合いが含まれているのです。しかも、さまざまな出来事には必ず表の現象と裏の隠された真実があります。

そのことを肝に銘じて、いつどのような事件や災害が起こっても、「出来事のすべては必ずしも自然に起きたものではない」ことにも思いを致すべきでしょう。というのは、彼が書き残した予言から察するに、さまざまな出来事の背後には常に自己利益を追求している輩《やから》が隠れているからです。

表に見えている現象の裏側で何が進行しているのか、水面下の利権交渉というようなものがどう行われているのかなども、人間の本性において今とノストラダムスの時代との違いはまったくありません。

人類は繰り返し悲惨なことを行い、自然界もそういった悲劇的な状況を人類にもたらします。これが宇宙から見ると人類や地球の運命なのです。

その前提で彼は、大惨事が起こっても被害を極力少なくして自分たちの幸せな人生が継続できるように心の準備をしておかなければならない、ということを数多くの予言で書き残したのでした。彼の4行詩の最大の狙いもそこにあります。

人類の歴史では戦争、暗殺、災害、感染症などがひっきりなしに起こっていますから、彼は4行詩を通じて「惨禍《さんか》にきちんと向き合って対策を用意しておけば、必ずそれらを克服できますよ」と強く訴えているのです。

情報過多の時代にこそ必要な多面的解釈

ノストラダムスは「遅かれ早かれ、世論工作をする時代が来る」という警鐘も鳴らしています。実際、現代では国家権力や声の大きいメディアとかが簡単に眼の前で起きている現象を左右してしまうこともできるのです。その方向をさらに加速してしまうようなデジタル化を推し進めようとしている勢力の存在にも気づかなければなりません。

同様に今日ではインフルエンサーと言われるような人たちの言動をうまく利用するなどして特定の政策を遂行しようとする国家権力、多国籍企業の戦略やテクニックがどんどん進化してきました。そのため、われわれの危険は増すばかりで、順当に考えれば世界は混沌の極に向かっていくであろうことが推察されます。

現状の動きの背後に目を向け、いったい誰が何を狙っているのでしょうか。そのことを分析する場合に彼の4行詩には多様な価値観、多様な解釈が潜んでいることが分かるはずです。彼は「真実は必ずしも1つではない」ということも繰り返し4行詩を通じて訴えています。

現代のような情報過多の時代においては、われわれはどうしても目の前の日々の出来事をフォローするだけで精一杯になってしまいます。むしろ、だからこそわれわれには、はたして何が真実なのかという解釈を多面的に行う習慣を付けていく努力が求められます。そのとき改めて彼の慧眼《けいがん》あるいは彼の予言の多くの大きな可能性が見えてくるのです。

4行詩は受け取る側の想像力を高める

目下、世界ではウクライナ戦争やガザ危機が起こっています。現状で進むなら世界は大混乱の極みに陥ることになりそうです。このような状況は、ノストラダムスが予言しているように世界が混沌としたカオス状態に突入することを意味します。カオス状態のなかで人類はどうすれば生き残っていけるのでしょうか。

そこでやはり、彼の予言を繰り返し読むことが自らの判断を研ぎ澄ます機会になると思います。彼は今後も世界は危機的な状況に襲われると繰り返し警告したうえで、「平和が達成されるのは２０４３年であり、その年には世界は平和な時代を迎える」とも言っています。

また、それぞれの人生にはいろいろな生き方があるわけです。彼の予言をもう1度これまでとは異なった視点で見直すことが人生そのものを見直すきっかけになるでしょう。

彼の予言では不幸の連続のようなことが起こる、と書いてあるようにも読み取れます。けれども彼としては不安を煽《あお》っているわけではありません。

ただし警鐘を鳴らすためには、どの時代についても彼が書き残したことに一定のインパクトがあるような立て付けになっていないと、どの時代においても誰も読んでくれないし、信じてくれません。そのため解釈によっては不安を煽っているようにも思えるのです。

日本人もノストラダムスのように過去の歴史や今の世界を多面的に捉《とら》える必要があります。つまり、どちらがいいのか悪いのかと一面的に捉えるのではなく多様な視点から捉えることができれば、さまざまな国や組織、個人が抱えている欲望、希望というものが複雑に絡み合っていることが分かります。そこにおいてはどうすれば人類全体、地球全体をより良い方向にもっていけるのかという発想が不可欠だと彼は述べているのです。

つまり、彼の4行詩は今を生きるわれわれを「もっと目を広げなければ駄目ですよ」と叱咤《しった》しているし、われわれを突き動かしているのが何かも教えてくれるのです。4行詩を受け取る側のわれわれが想像力あるいは解釈力を高めることで見えてくるものがあります。この点でも彼の4行詩を紐解くというのはとても意義深いことなのです。

歴史的な予言の真相

ナチスによる戦争に加担したアメリカ企業

後世には「ノストラダムスはナチスの台頭、広島・長崎への原爆投下、9・11テロもすべて予言していた」と言う人たちがいます。しかし前述したようにノストラダムス本人は「人間が生きている限り、戦争、テロ、災害などが起こったりする。人類の歴史ではそれらがいつどこで起こるかとは関係なく必ず繰り返し起こっている」と言っているのです。

彼の予言の解釈はいくらでもできるため、ほかにもロンドンの大火、フランス革命、第2次世界大戦、ケネディの暗殺、ダイアナ妃の事故死などもみんな予言されていたとされ

ノストラダムスの数々の予言は的中した⁉

1666年のロンドン大火の
様子を報じる当時の新聞

1995年、ダイアナ妃交通
事故死の現場

ヒトラーの台頭を許したド
イツの運命は決まっていた

ています。最近では、イーロン・マスク氏が世界ナンバーワンの大富豪になることをノストラダムスと関連付けて本に書いた人もいるほどです。さらにトランプ大統領についても「現代のノストラダムスになるかもしれない」などと言い出す人もいます。

いずれにせよ政治、経済、文化、技術の分野において、ノストラダムスという名前を使うことで世界の関心を自分たちに引き寄せようという動きがあるのです。

だから、ここではナチスについてもそのような観点から説明しておきましょう。

第2次世界大戦が勃発し世界が戦争状態に突入すると、ドイツの宣伝大臣ゲッベルスはノストラダムスの予言をうまく利用して、「この戦争は最後は必ずドイツが勝利するとノストラダムスも予言を残している」と勝手に解釈し、それをビラにしてイギリスやフランスで上空から撒《ま》き散らしたのでした。ゲッベルスは世論誘導・世論工作にノストラダムスを利用したのです。

同じことは連合国もやっていました。イギリスはドイツと同じく「ノストラダムスもこの世界大戦では必ずイギリスが勝つと断言している」と宣伝しました。アメリカのほうは国民の戦意向上に役立てようとＭＧＭという映画会社のスタジオで短編映画の『ノストラダムスの予言』というシリーズ作品を何本も制作しました。国民に対して「あの世紀の予言者ノストラダムスが言っているように、この戦いに勝利するのはわれわれアメリカだ」

とアピールしたのです。

もちろんアドルフ・ヒトラーは独裁者で世界を奈落の底に落とそうとしていた悪の権化だと、今や歴史的な評価は定まっています。しかしそういった観点で考えると、ナチスに対して欧米列強は何をしたのかをあらためて考えてみたくなります。

ヒトラーおよびナチスが台頭してきた当時、これを最大限に利用して漁夫の利を得たのは、実は欧米の銀行、自動車産業、石油産業、軍事産業でした。

まずアメリカのルーズベルト大統領は、現在の貨幣価値に換算すると237億ドルという巨額の新規借款を1933年にナチスに提供しています。

この借款によって勢いを得たナチスは、アメリカからフォードやGMの自動車工場を誘致しました。自動車は軍用車両にもすぐ転換できるため、ナチスが軍事大国に向けて暴走していくのをフォードやGMが手助けしたということにもなるでしょう。

また、ナチスが戦争を遂行するためには武器はもちろん、戦車や装甲車を動かすためのガソリンや石油も必要になります。ドイツでは石炭は採れても石油は出ません。それで当時のアメリカのスタンダード石油などもナチスと手を結んだのです。表立ってアメリカからナチスに直接石油を売るわけにはいかないため、第3国のベネズエラやアルゼンチンを経由して石油をナチスに売って大儲けをしました。

ナチスによる戦争の批判はしつつも石油を売りまくることによって、アメリカの企業は利権をガッチリ押さえました。ブッシュ元大統領の一族も何代か遡《さかのぼ》ると、ナチスと一緒になって戦争ビジネスで大儲けをしていたことが分かっています。

アメリカは最先端の戦闘機をつくるための航空機の部品の供給などにもことごとく関与して裏でナチスを応援しました。その意味ではアメリカは戦争ビジネスでヒトラーを利用したことになります。

現在の歴史学では、表向きにはナチスは凄まじい独裁体制を敷いて世界を戦争に巻き込んだとされています。一方では裏側でナチスを後押しして利益を得ようとしていた欧米の金融機関、自動車メーカー、軍事産業があったことは都合良く闇に葬り去られてしまっているのです。

戦争が起きれば、新しい商売のネタやチャンネルができます。歴史は戦争が続くとモノが売れることを証明しているのです。そうした人間の基本的な欲望のようなものはこれからもなくならないでしょう。

原爆はソ連を牽制するために投下された

ノストラダムスは、1945年8月の広島・長崎への原爆投下についても解釈しだいでは予言していたような詩を残しています。ただしあくまでも解釈しだいであって、原爆投下を予言していないという解釈も成り立つのです。

原爆投下ではむしろ別の見方をすべきでしょう。というのは、原爆投下を決めたアメリカのトルーマン大統領は「戦争を早く終わらせるためだった」と明言し、加えて「広島は日本の軍事拠点である」と自分たちに都合の良い説明をしているからです。

同年4月に亡くなったルーズベルト大統領は原爆投下に反対していました。なぜなら日本が無条件降伏を受け入れるのはすでに明らかで時間の問題だと分かっていたからです。この場合、天皇制の維持さえ約束すれば日本が降伏することも自明でした。そもそもアメリカは、日本軍にパールハーバーが奇襲される前から日本軍の電報を傍受し暗号解読もしていましたから、日本の降伏も容易に予想がついたのです。

それなのになぜ広島・長崎に原爆を投下することになったのでしょうか。後にアメリカの軍事機密文書が公開されて明らかになったのは、原爆投下の最大のターゲットはソ連にあったということでした。原爆投下はソ連に対する牽制《けんせい》であり、「アメリカに刃向かうと、広島・長崎と同じような原爆投下の運命が待っているぞ」という脅しだったのです。

実際の原爆投下は広島・長崎で打ち止めになりました。けれども、アメリカには広島・長崎だけでなくソ連の66都市に対しても原爆を投下する計画があったことも同じく後に公開された文書で明らかになっています。日本とは比べ物にならない広い国土を持っているソ連が将来、アメリカにとってライバルになりかねないということを見越して、アメリカ政府はやはり日本と同じくソ連の66の主な都市に対する原爆投下計画を綿密につくっていたのです。だからアメリカにとっては広島・長崎への投下は予行演習に過ぎませんでした。

原爆を使うのであれば先に日本で試してその効果が立証されたうえで、将来、最大のライバルになり得るソ連に使おうではないか。これがアメリカの支配層としては順当な考え方だったと思われます。だから広島・長崎はロシアを脅迫するための犠牲になってしまったという面も否定できません。

アメリカは東西冷戦時にはソ連に対して広島・長崎への原爆投下を持ち出し、「アメリカに刃向かうと、広島・長崎と同じような運命が待っているぞ」ということをロシアに分からせようとしました。

実際、ソ連は２発の原爆投下に大きな衝撃を受けたようです。けれども、だからこそアメリカに負けない核開発が必要だとして、敗戦国のドイツからも優秀な研究者や技術者をヘッドハンティングし、自前の原爆開発に向かって猛ダッシュしたのでした。むしろ広島・長崎への原爆投下は世界が「核の開発競争」に走る引き金となってしまったのです。

ただしアメリカは日本に投下した原爆をドイツには使いませんでした。アメリカの資本家はドイツでそうとう儲けていて遠慮したのか、あるいは同じ白人同士という気兼ねがあったのかもしれません。

アメリカの流す情報に騙される危険性

アメリカのナチスや原爆投下に対する姿勢から見ると、アメリカの流す情報だけで物事を判断するのは危険だと言えます。

アメリカ関連情報のすべてはアメリカが世界の平和と繁栄のために提供しているものだと世界中の人々に信じ込ませようとするのが、アメリカの国家戦略なのです。だから、日本においてもテレビ、新聞、ラジオ、ネットではやはりアメリカ発の情報に偏《かたよ》っていることが分かります。

まさに「9・11テロ」がその好例です。テロ集団に乗っ取られたジェット旅客機が激突し、ニューヨークの世界貿易センタービルのツインタワーが倒壊して日本人を含め多くの犠牲者が出たのでした。

当時はほとんど触れられなかったものの、もう1つ、意外なビルの倒壊がありました。世界貿易センタービルのすぐそばの7号棟が飛行機がぶつかっていないのに倒壊したのです。だから、世界貿易センターの倒壊より1時間前にはアメリカのＡＢＣなど主要なテレビ局が「ツインタワーの倒壊が懸念されて、7号棟の倒壊が始まっています」という報道を行ったことが記録に残っています。

なぜそんなことになったのでしょうか。調べてみれば、アメリカの情報機関が主要なメディアに前もって世界貿易センターのツインタワー倒壊のシナリオを提供していたことが分かります。しかしツインタワーが崩れ落ちる前に手違いで7号棟が倒壊してしまったため、7号棟倒壊の情報も流さざるをえなかったのでした。こんな裏話は日本にいるとまったく分かりません。

しかも、ハイジャック犯とされたサウジアラビア系を中心に19人のテロリストが関与していたとされ、高層ビルに激突して全員が死んでいるはずなのに、その後もテロリストたちの何人かは各地で生きていることが判明しているのです。

では、誰が旅客機をハイジャックして世界貿易センタービルに突っ込んだのでしょうか。

9・11テロの真相解明委員会による報告書も出ていますが、肝心の部分は封印されています。要するに、自作自演の可能性があるということです。

実際、がんで余命が数週間というFBI元捜査官がテレビで「もう自分の命は長くないので、本当のことをしゃべってあの世に召されたい」と言ったうえで、「自分たちは上層部からの指令で世界貿易センタービルの各階に前もって爆薬を仕掛けました」と衝撃的な発言を繰り出したのです。

こうした告白発言は日本では報道されません。ビン・ラディンにすべての責任を負わせているのがアメリカ政府であり、瓦礫《がれき》の上で当時のブッシュ大統領が「テロとの戦いを宣言する」としてイスラム社会を敵視する方向に舵《かじ》を切った裏には何かが隠されていたはずです。

つまり、アメリカはイスラム世界にある自分たちの権益を強奪するために自作自演の工作をしたとしか思えません。あまつさえ19人のハイジャック犯がいたと言われていて、そのうちの何人かの全然汚れていないパスポートが倒壊した瓦礫の山の中から回収されているのです。戦争を起こすためには何でもあり、というわけでしょうか。

また、もともと世界貿易センタービルの土地はニューヨークの港湾局が所有権を持っていました。それを民間のラリー・シルバースタイン氏という投資家が買ったのです。彼は事件が起こる直前に保険の契約の中身を、事件や事故が起こって建物が使えなくなった場合には莫大《ばくだい》な保険金が下りるという契約へと更新しています。

ビルの所有者である彼は普段ならビル内の事務所にいることが多いのに、テロが起きた日はたまたま外にいて難を逃れています。結果として９・11テロによる焼け太りで彼は45億ドルもの巨額の保険金を手に入れて大儲けしたのでした。これは偶然にしては出来過ぎた話ではないでしょうか。

また、こういう話もあります。世界貿易センタービルに使われていたH型鋼という特殊鋼材は日本の新日本製鐵（現・日本製鉄）が製造して納品したものです。筆者は以前、新日鐵に勤めていたこともあって関係者に話を聞いたところ、あの世界貿易センターのツインタワーに使われていた鋼材は、幾多の実験を重ねたもので大型のジャンボ機が衝突しても倒壊することは絶対にあり得ないそうなのです。この特殊鋼を開発したのは日本人なので、確かな話だと思います。

だから、関係者からは「９・11テロでツインタワーがあっという間に倒壊してしまったというのは、各階ごとに爆発物が仕掛けられていたとしか考えられない」と言われました。まさに元ＦＢＩ捜査官が暴露した通りなのかもしれません。

しかも証拠隠滅ということでしょうか。ツインタワーの瓦礫は全部、中国にタダ同然で

ほんとうにジャンボ機突入でビル全体が崩壊したのか

公式見解

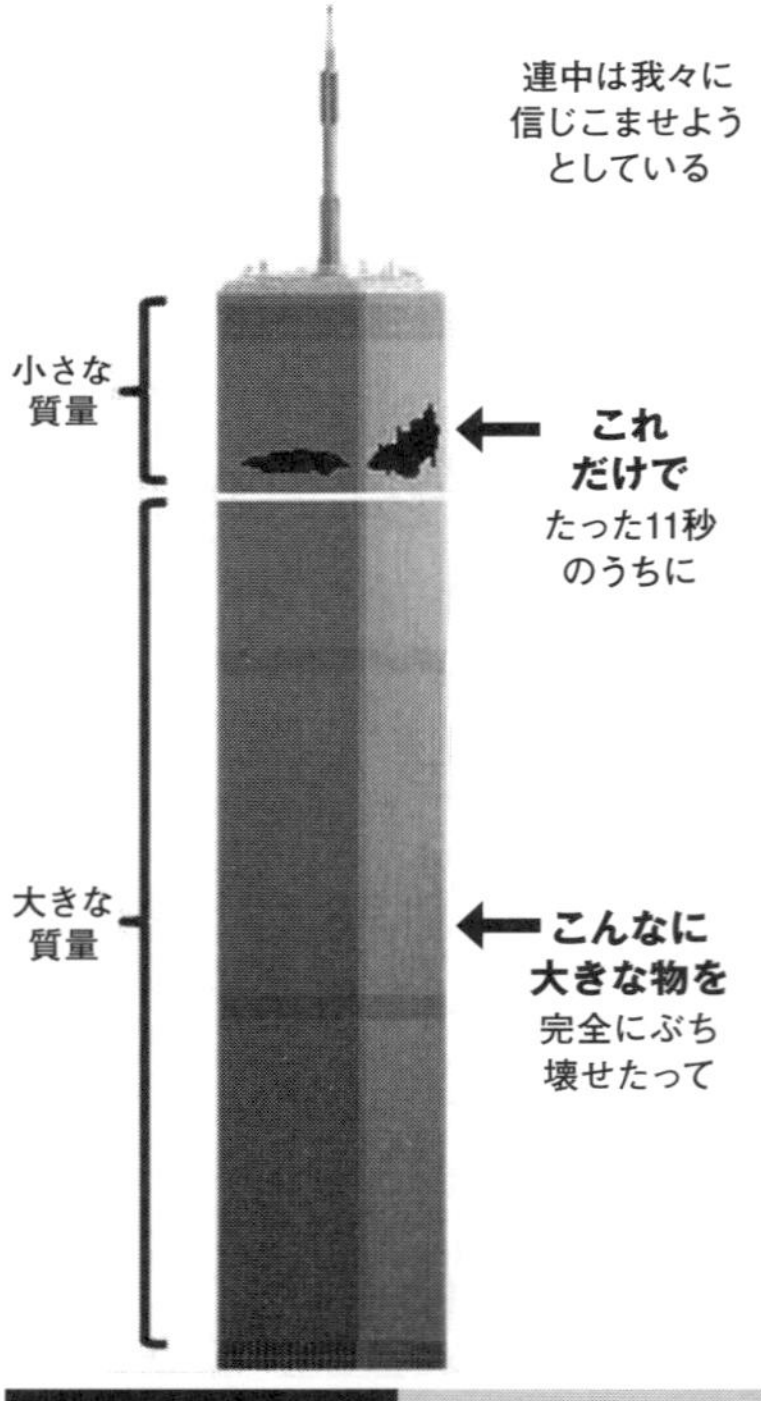
連中は我々に
信じこませよう
としている
小さな
質量
これ
だけで
たった11秒
のうちに
大きな
質量
こんなに
大きな物を
完全にぶち
壊せたって

世界貿易センター（WTC）の所有者、ニューヨーク港湾局は老朽化して堅牢一点張りの牢獄を垂直にしたような設計で、Wi-Fi不通もあって入居率約50%、しかもアスベスト使用で解体費莫大と、WTCに建っていた一群の高層ビルの処分に困っていた。

ニューヨークの中堅不動産業者、ラリー・シルバースタインが借地料32億ドル、99年分割払い定期借地を持ちかけ、**初回支払い分1400万ドル**を終えて、契約を締結したのが7月24日。

保険はビル群のうち1棟でも大災害に遭って全壊/大破すれば満額補償を受け取れる契約だったので、当初64億ドルの保険金を請求したが、交渉の結果**45億7000万ドル**で落着。

シルバースタインは「世界一ラッキーな男」と呼ばれた。**幸運？**

2001年9月10日、ラムズフェルド国防長官（当時）はペンタゴンの総資産中、約2兆3000億ドルの所在が確認できないと語った。

CBS ニュース.com ビンス・ゴンザレス記者のペンタゴン調査報道

行方不明の資産総額なんと

2兆3000億ドル

まさにその翌日、9月11日早朝、ニューヨーク州・ニュージャージー州共同出資のニューヨーク港湾局オフィスとペンタゴンの経理部オフィスが旅客機突入テロで破壊された。

『アメリカ消滅』（増田悦佐著）より引用

売り渡され、そこで使われていた高品質の日本製の鋼材も全部中国が持って帰ったことが後日談に残っています。

当時、中国は２００８年に予定されていた北京オリンピックの会場建設用の鋼材が足りなくて困っていたのでした。そのままでは北京オリンピックに会場建設は間に合わなかったでしょう。ツインタワーの鋼材がなければ、あの鳥の巣のようなメイン・スタジアムも建設できなかったはずです。

それにしても、なぜ証拠品としても価値のある現場をきちんと保存しなかったのでしょうか。激突したジェット機の部品なども調べる必要があったにもかかわらず、それを一切無視して瓦礫の山を全部タダ同然で中国に払い下げたのです。これを考えても背後で誰かが９・11テロを仕掛けていたのではないかと疑わざるをえません。

一連の証拠隠滅によって大きな利益を上げた個人や組織が存在したということも十分に推測できるのです。

不安を煽るための利用

持続する「ノストラダムス」ビジネス

これまで述べたように、人類の歴史で繰り返すいろいろな惨事を後世の人たちがどう解釈すればいいのかを、ノストラダムスは4行詩で提示しました。人類の歴史を踏まえて後世のために多様な解釈ができる4行詩を残し、それを未来の人類に対する純粋な警鐘、警告にした彼は、金字塔のような存在になりました。

しかしだからこそ後世の人間が彼の予言を都合のいいように利用している面も否定できません。現実には残念ながら、彼の息子も含めて後世の人々のなかに彼の予言をうまく利用して金儲けに使おうと発想する人たちが多く見受けられるのも事実なのです。

人々は将来どうなるのか分からないという不安感や猜疑心が強く表に出てくると、右往左往したり神の啓示に頼ったり有名な占い師のところに駆け寄ったりすることになります。

どの時代にあっても彼を利用しようとする輩は、人々の抱いている不安感を煽ってきました。それでノストラダムスという名前が後世に遺っていき、彼に関する本も多く読まれてきたわけです。

現代でも彼の予言を紹介・分析する書籍、ビデオ、映画、ＣＤなどは世界各地で常に制作されており、その数は計りしれません。彼が予言したとされる書が新たに出るたびに大変な話題となります。日本でも『ノストラダムスの大予言』がシリーズで出版されて累計１０００万部近い大ベストセラーを記録しました。

加えて彼の予言が話題になったことで、多くの輩がノストラダムスの名前を用いて予言ビジネスというようなものを始めるという循環が続いてきたのです。

彼を利用しようとする輩は、ノストラダムスビジネスが彼の死後の長きにわたって生き続けるように布石を打ってきましたし、揺れ動く世界のなかで彼の予言を「ビジネス」と言えるような使い方をしています。

たとえば今日、世界経済を牛耳《ぎゅうじ》る投資ファンドは不安や猜疑心《さいぎしん》を煽り、「ノストラダムスのエッセンスをうまく使いこなして大儲けしよう」ということで自分たちのビジネスに活用しています。

この投資ファンドをはじめほかの多くの暗躍する組織や個人も、彼の4行詩の一部分に妙な解釈を与えて人々の不安心理に付け込むビジネスを行っているのです。だから、彼の予言は世界の人々を不安のどん底に叩き落とすためにはきわめて使い勝手の良い有効な道具となってしまっています。

それを見てノストラダムスはあの世で、「俺の名前を使ってひと儲けしようなんて、ちょっとこすっからくないか。俺なんか、いろいろな人たちから頂戴したり受け取ったものは全部分けへだてなく人々に無償で施した。4行詩でこれからの人類や地球にプラスのメッセージを残そうと思ったのに、後世で俺の予言を受け止める人たちはまったく違う方向を目指している」と嘆いているのではないでしょうか。

金儲けのためのノストラダムスの悪用

筆者は1997年にアメリカで誕生した「ノストラダムス協会（ノストラダムス・ソサエティ・オブ・アメリカ）」という組織に関心を持って特に注目しています。この協会はノストラダムスの業績を派手にPRしてこれから世界がどう変化していくのかを予測するサービスが主な仕事で、いわば未来コンサルタントです。

アメリカ経済、ひいては世界経済はどう変わっていくのでしょうか。インフレがどんどん進行するなかで今後どういうところに投資をすればいいのか。ウクライナの戦争がいつどんな形で収束するのか、あるいは収束しないのか。もし戦争が継続するとなると、どういうところに投資をすると高い配当が得られるのか、それは軍事産業なのか、穀物産業なのか。こうした疑問にノストラダムスの予言を利用して答えています。

つまり、世界のあちこちで不穏な情勢が巻き起こっているときに不安感をうまく醸成することで、毎年、「こうすれば危機を回避できますよ」「逆に危機をうまく利用して大儲けができますよ」「次の年はこういう危機や災難が待っていますよ」「こういう事件や、こういう災害が起こりますよ」などとネットで配信してアドバイスしているのです。さらに、「会員になっていただくと、もっと詳しいアドバイスが得られますよ」という宣伝もしています。

もちろん、ノストラダムス協会以外にもノストラダムスの名前を利用してひと儲けしようという組織や個人は世界にたくさん存在しています。これらは総称して「ノストラダモロジスト」と呼ばれているのです。

また、アメリカ、カナダ、ブラジル、インド、イギリス、ロシアなど世界各国には「現代のノストラダムス」と自称している人たちも数多くいます。彼らもビジネスに活かすという観点でノストラダムスの名前を利用しているのです。

むしろ現実には、人類に警鐘を与えるために書き残した予言がノストラダムスの意向とはまったく別に金儲けのために悪用されている、と言っても過言ではないでしょう。

マインドコントロールへの自己防衛策

マインドコントロールという言葉はきついかもしれませんが、その1つにサブリミナル効果というものがあります。ノストラダムスの活躍した時代には情報網も発達していなかったしインターネットもなかったわけですが、彼がやろうとしたのはいわばサブリミナル効果を駆使して世界全体を一定の方向に持っていこうということでした。

実は現代の世界を操るとも言われるアメリカの政府組織、たとえばペンタゴン（アメリカ国防総省）、ＣＩＡ、ＦＢＩなど情報を扱う機関はノストラダムスの成功事例をよく研究して理解しています。それで人心を掌握するためにはとにかく疑心を抱かせる、自暴自棄になる一歩手前ぐらいまでに国民や有権者を追いつめるという戦略を取っているのです。

たとえば今、われわれは何かを知りたいときには必ずと言っていいほどグーグルの検索エンジンを使います。その場合もわれわれは、いちいち考える時間的余裕がないので、検索エンジンを使っても何万何十万とあるなかから上位にランクインしているものしか読みません。だから、検索されたい側は上位のランクインを希望しており、そのために多くのお金が動く仕組みができています。

だから人心をコントロールしようと思えば、検索したいものに誘導するところにお金を使えばいいということになりますので、グーグルに対してはアメリカ政府やＣＩＡなどの情報機関もかなりの額を投資として注ぎ込んでいます。

世界各地の選挙でもいわゆるマインドコントロールとしての情報操作が行われており、これは一種の「情報戦争」にほかなりません。アメリカ大統領選挙などを見ればよく理解できるでしょう。

そもそも政府というものはあまねく国民をコントロールしようとするものです。一方、国民はナイアガラの滝のように流されてくる膨大な情報に押し流され、何も分からないまま不安に苛《さいな》まれて、どうしようか、どうしたらいいのかと右往左往してしまいます。

そうしたなか、ペンタゴンやＣＩＡ、あるいは軍産複合体などは「独裁国家、非民主的な国がさまざまな戦争を仕掛けようとしています。たとえば、中国は、国内の問題から目を逸《そ》らさせるために台湾侵攻に踏み切るでしょう」というようなことを盛んに吹聴しています。これらはすべて国民を不安に陥れるための手段としか思えません。

だとすると、われわれ自身もすでに日常生活のなかでミサイルとミサイル、戦車と戦車がぶつかり合うというような従来型の戦争ではなく、どういう情報を信じるのかという意味での情報戦争のまっただなかに追いやられているということです。この戦争というのは、国対国ではなく一国の政府と国民の騙し合いということになります。

一方的な情報に乗せられると、どんな悲劇、どんな災難に飲み込まれるか分かりません。だからその現実をしっかりわきまえたうえで、いったい誰がこんな情報を流しているのかを知る必要があります。

とすれば当然のこととして、自己防衛策を講じることが不可欠です。今から500年前にサブリミナル効果を駆使して世界全体を一定の方向に持っていこうとしたまさにノストラダムス自身が、予言の書を通じて「1人ひとりの人間は情報に対する感度を高めていくべきだ」と忠告してくれているのです。

人間がAIに乗っ取られる時代が来る

かつてズビグネフ・ブレジンスキーという国際政治学者がいました。アメリカのジョンソン政権で大統領顧問になり、カーター政権で国家安全保障問題担当大統領補佐官を務めました。ブレジンスキー氏は1968年に「このままいけばもう世界は終わる。だから、それを回避するためには、新しい価値観、新しいビジネスモデルが必要だ」と主張し、「その権威者となるのはアメリカしかない」としてアメリカ至上主義を唱えました。

　この彼の考え方はイーロン・マスク氏に引き継がれていると筆者は見ています。マスク氏は南アフリカ出身でアメリカに渡り、ＥＶのテスラやロケット打ち上げのスペースＸなどのビジネスで大成功し、今や世界ナンバーワンの大富豪になっています。

　実はマスク氏もノストラダムスばりの終末論を盛んに吹聴しているのです。アメリカには強いリーダーが欠かせないとして、マスク氏は特にトランプ氏の大統領復活に力を入れて、「トランプ前大統領しか、今のアメリカの危機的状況や世界大戦の危機に直面する世界を救えない」とトランプ待望論を掲げたのでした。

　マスク氏は２０２４年11月の大統領選ではトランプ氏を全面的に支持し、２００億円もの個人献金を行いました。２期目のトランプ政権にとってマスク氏が影の大統領と言っても過言ではありません。

　ところで、ノストラダムスは人類の技術発展の予言も行っています。たとえば、**「人間は工夫を重ね、新たな生命に翼を与えるだろう。金属製の心臓で人間は死を克服し、残酷な地獄への道から逃れることができるようになる」**という４行詩があります。これは不滅の肉体を手に入れる可能性に触れているわけで、実際、現代は心臓にペースメーカーをはめ込んでいる人が世界で５００万人に及んでいると言われます。

　それで、刮目《かつもく》すべき４行詩が**「絵画に描かれた人や物が生きているかのように動き、海**

上の船が魚のように水中に潜り、人が鳥のように空を飛び回り、空を汚せば人間の半分は血の海に飲み込まれ、命を失うことになる」というものです。

この戦慄の啓示は、ＡＩの急速な発展によって人類が翻弄される未来を予言するものと解釈されています。さらに彼は、人類が生き残っていたとしても人工知能（ＡＩ）や地球外生命体によって支配される可能性にも触れて、「人間と機械が一体化する」「人間がＡＩに乗っ取られる時代が来る」ことにも警鐘を乱打しているのです。

この「人間と機械が一体化する」ことこそマスク氏が資金を投入する「ニューラリンク」にほかなりません。ニューラリンクは脳にＩＣチップを埋め込み、コンピュータと常時接続することで人間の情報処理能力や判断力を飛躍的に増強するというニュービジネスです。

しかし「人間と機械の一体化」は人の脳がまさにＡＩに乗っ取られることの危険性をはらんでいます。人工知能が社会を支配し人間と機械が一体化して、結果的に人間が機械に左右されるという状況も十分にあり得ると彼は示唆しているのです。

また、社会全体の治安が悪化するために警備ビジネスやセキュリティ会社との契約が増えていきています。携帯での位置情報をしっかりと把握することによって危険を未然に察知したり警告したりする新しいサービスも次々と登場してきました。そういうことの延長線上にどういう状況が待っているかも、同様に先の予言で行っているわけです。

第2章

予言1

第3次世界大戦の始まり

「偉大な都市の皇帝は恐ろしい豹の邪悪な行動に引きずり込まれないように動く。彼の軍隊は東方からやってくる軍隊と合流し、赤い敵と対峙する」

終わりの見えないウクライナ戦争

ソ連復活の夢とウクライナへの武力侵攻

現状を踏まえたうえで、２０２５年に世界ではこういう新しいことが起こるだろうと読み取れるノストラダムスの予言がいくつかあります。筆者の研究している国際政治の現場から見て、どこまでそういう予言が起こり得るのかという具体的な中身について検討しましょう。予言は３つあり、「第３次世界大戦の始まり」「異常気象と大規模な自然災害」「世界的な指導者の相次ぐ逝去」です。

第１の予言の「第３次世界大戦の始まり」の前提には、国際関係の変化と地域戦争の拡大傾向があります。この２０２５年には第３次世界大戦に発展しかねない危機的状況が間近に迫っていると言わざるをえません。彼の予言では、従来同盟関係にあったような国同士でも戦争が起きるのであり、実にきな臭い限りです。

財政的に国家破綻同然のアメリカではもはや「世界の警察官」の役割は担《にな》えません。ウクライナ戦争、イスラエルとパレスチナのガザ危機、不安定化する中東情勢、コンゴをはじめあちこちで内戦状態に陥っているアフリカ、そのほかの中南米、朝鮮半島、台湾海峡などは、いずれも第3次世界大戦の導火線になり得る危機的状況です。

こうした世界各地の対立はどんどん激化していきます。まさにノストラダムスは「2025年には世界が第3次世界大戦に飲み込まれる」という警鐘を発しているのです。やはりこの警告の方向に進みつつあると思われます。ウクライナ戦争をはじめ世界各地で戦争が起き、政治的にも大混乱が発生すると読めるわけです。

このうちウクライナ戦争ではまったく先行きが見通せません。ロシアがウクライナに武力侵攻したのは2022年2月24日でした。

ウクライナでは2014年のマイダン革命でロシア寄りの政権が崩壊させられました。明らかにアメリカがロシアの力を削ぐという目的から旧ソ連のウクライナで政権打倒の狼煙《のろし》を上げさせたわけです。

一方、ロシアのプーチン大統領側からすると、今回のウクライナ戦争を引き起こした理由も、アメリカやNATOが裏で糸を引いてウクライナがロシアの側にどんどん攻め込んでいくような動きを見せたからだ、ということになります。

しかもロシアとすれば、ウクライナはもともとソ連時代には兄弟すなわちファミリーでした。ウクライナが西側に騙されて、「NATOに加盟する」とか「EUに加盟したい」

と言っているのは、兄貴であるロシアからすると容認できない話なのです。それどころか、ロシアは「ウクライナ人はロシア人と兄弟だから一緒になりたいと願っているはずだ」と決めつけています。

プーチン大統領も、かつて東ドイツにKGBの駐在員として派遣されて目の前でベルリンの壁が崩壊するのを見たとき、「忸怩《じくじ》たる思いを感じた」と語っています。ベルリンの壁の崩壊はソ連の消滅の前触れとなりました。だから自分の目の黒いうちにもう一度、ソビエト帝国復活の夢を抱いていて、同じ思惑でウクライナを見ているのです。

そうであればこそ、ウクライナ戦争を終わらせるにしても単なる終戦というのではなく、ウクライナを抱き込んで、兄弟で力を合わせて偉大なるソビエト帝国を復活させることに合意してくれる指導者をウクライナに嵌《は》め込みたい。かつて冷戦時代に東欧諸国へソ連寄りの指導者を送り込んだようなことをしたいはずです。

もっともプーチン大統領はウクライナ侵攻では当初、2~3日あれば首都キーウを占領してロシアへの併合を果たせると高をくくっていました。ところが、現実はなかなか思うように進んでいません。

アメリカとしてもマイダン革命でロシア寄りの政権を崩壊させたのだから、その意味で戦後の世界支配戦略を続けているのです。とすれば、ウクライナ戦争をすんなり終わらせるようなこともできないでしょう。

ロシアの戦術核使用もあり得る危機的状況

戦争が始まった後、アメリカだけでなくイギリスをはじめEU諸国、NATO諸国もウクライナを後押ししています。これらの国々は、「ウクライナが民主主義のために戦ってくれている」という大義名分の下で援助を行っているのです。

戦闘面ではアメリカはこれまでウクライナのゼレンスキー大統領をけしかけてロシア国内に向けてドローン攻撃をしてきました。併せてイギリスなどに戦闘機を提供させ、ウクライナのパイロットの訓練も実施しています。

しかしゼレンスキー大統領としては「ロシアへのドローン攻撃だけでは足りない」と考えて、2024年秋にワシントンでバイデン大統領に「本丸のモスクワなどのロシア領土に攻撃を仕掛け、ロシアの戦意をくじかなければこの戦争は終わらない。ウクライナからロシア中心部に向けての中距離ミサイルや長距離ミサイルの発射を容認してほしい」と直談判したのでした。

ウクライナ戦争では前線の膠着《こうちゃく》状態が続いてウクライナ兵士の犠牲も増えてきたため、

ウクライナ国内からもゼレンスキー大統領に対する批判的な声がどんどん高まってきています。そこで何らかの形でウクライナがロシアに勝利するという見込みを示さないことには戦争継続は難しいと確信するようになったのです。

直談判を受けてバイデン大統領は、トランプ大統領に政権を譲り渡す前にアメリカが提供した中距離ミサイルをロシア領内に撃ち込むことにゴーサインを出しました。

これまではほかのNATO諸国やアメリカの共和党なども、そこまでやったら米ロの核戦争になりかねないので、「やはり慎重になるべきだ」という意見が大半を占めていました。ロシアに中距離や長距離のミサイルを打ち込むとなると、ロシアとNATOとの全面戦争になりかねません。

対してプーチン大統領はロシアが戦闘でなかなか優勢になれないため、日に日に苛立《いらだ》ちを募らせるとともに、「自国の安全を守るためにロシアは核を含むあらゆる手段に訴える」という警告を何度も発してきました。これは、西側諸国がウクライナに武器を供給している以上、最後は自国の核使用を選択肢として残しているということでもあります。ただしもっと積極的には、欧米の支援を跳ね返し戦争の流れをガラッと変えるために戦術核を使ってウクライナの戦意を挫《くじ》き、そのうえで交渉の場に持ち込みたいという意向もあるようです。

そうしたなか、バイデン大統領のゴーサインが出たことで、NATO軍の供給したウクライナの中距離ミサイルや戦闘機がロシア国内にどんどん侵攻してきた場合を想定し、プーチン大統領は「私たちは核を使うことを厭《いと》わない。自衛のために核ミサイルで反撃する」と明言するようになりました。ソ連が消滅した直後に核を放棄してしまったウクライナは、戦術核を落とされても同じく核で仕返しをすることはできません。

ウクライナ戦争の実戦ではまだ核使用には至っていないものの、いつそういう状況になるか分かりません。予断を許さない状況がこれからも続くはずです。もし一度でもロシアが危険水域を越えてしまえば、もう世界は「後は野となれ山となれ」ということになるでしょう。

戦術核が現実味を帯びてくると、結局、力と力のぶつかり合いとなるほかはありません。そんな危機的状況であるにもかかわらず、国連や数多くの国際機関はほぼ機能マヒ状態に陥っています。

なお、ロシアがウクライナ国内の原発にミサイルを撃ち込めば、ウクライナ全体が放射能汚染に見舞われます。汚染の被害はウクライナだけでは収まらず、ヨーロッパ全域に広がることになるでしょう。さらにヨーロッパだけにとどまらず、地球全体に影響が及ぶかもしれません。となるとチェルノブイリの二の舞どころではなく、チェルノブイリよりはるかに大規模な放射能汚染を招くのです。

非現実的な要求が続く限り戦争も終わらない

ウクライナ戦争の勃発から3年経って、ウクライナ国内では民間人の死傷者もどんどん増えていますので、「若干領土を削ってもいいから、戦争だけは早く終わらせてほしい」という声も大きくなってきました。

国連の場で国際的な人権団体が「ウクライナ戦争では酷いことが行われている。国際法違反だ」といくら声高にアピールしても、現実ではいっこうに戦争が終わる気配がありません。

また、すでにウクライナの国民は500万人が海外に避難しており、ドイツのいわゆる売春街で働いている女性の8割はウクライナから逃れてきた女性たちだと噂されているほどです。

しかし終わらないどころか、ウクライナ戦争の悲惨な状況を見て見ぬふりをしているのがゼレンスキー大統領にほかなりません。2024年9月の国連の「未来サミット」に出てきて「ロシアを潰さなければ世界の平和は実現できない。だから、アメリカも世界もわれわれにもっと武器をくれ、お金もくれ」と臆面もなく言っているのです。

ウクライナ戦争の場合、独立国のウクライナが「負けました」と手を挙げれば、とりあえず終わりになるでしょう。これにはロシアとの停戦・和平交渉の席での領土割譲が前提となります。プーチン大統領としても「自分たちはいつでも和平交渉に応じる」と言っていて、それをトランプ大統領は応援しているわけです。

ところが、ゼレンスキー大統領は一切、領土割譲を認めようとせず、かなり自分勝手な主張を繰り返しています。すなわち、「2014年に奪われたクリミアを取り返さないと和平交渉には応じられない」と言い出したのです。クリミアを取り戻すというのはまったく現実的ではありません。できもしない非現実的な要求を繰り出している限り、落とし所が見つからないので戦争は続かざるをえません。

それに彼は、ロシアと戦う、ウクライナの権益をしっかり守るということで国民から支持を得ているという自負があります。ウクライナの権益が守れないと、和平交渉後に選挙があれば負けてしまうことを非常に怖れているのです。

したがって今のところ、ロシアとウクライナのトップ同士が「首脳会談を通じて折り合って矛を収めよう」というようなことにもならないでしょう。

ウクライナに必要な汚職体質を変える指導者

ウクライナはこれまで世界でも最悪の汚職国家と言われてきた国です。ウクライナ政府には長年の汚職体質が染み付いていて、アメリカから入ってきている膨大な資金や軍需物資の大半をウクライナ政府の関係者が私腹を肥やすために使っています。アメリカからの軍需物資の8割近くは闇の市場に流れているとも言われているくらいです。

アメリカ政府もウクライナの汚職を問題視していて、特にアメリカの共和党は「そんないい加減な国に血税を投入するのはもうやめなければいけない」と怒っています。トランプ大統領も同じ主張を前面に押し出しているわけです。とはいえ汚職や腐敗はウクライナのいわば伝統のようなもので、簡単に克服できそうにもありません。

しかもゼレンスキー大統領自身も自分の地位を利用して世界各地で不動産を購入したり、投資の名目で公のお金を流用したりしています。彼は歴代の大統領が皆やってきた悪習を打ち破るというテレビドラマの主人公役で人気を博して、選挙の当選を果たしました。いざ大統領になってみると、歴代の大統領のもとに転がり込んできたのと同じ美味しい儲け話が次々と入ってきたことに心が動いたのでしょう。

彼の妻やその親族についてもボロ儲けしているという内部告発が絶えません。欧米のメディアも、たとえばエジプトの大豪邸を妻の母親の名義で手に入れた、ケイマン諸島に何百億という資金を隠し持っている、フランスにもイギリスにもアメリカにも豪華な別荘があるなどとかなり批判的に報道しています。

一方、当然ながらウクライナの心ある人たちは「もう汚職はいい加減にしてくれ」と内心では思っているはずです。けれども汚職は長年にわたって根付いたウクライナの「伝統」なので国民ももう慣れており、大半は諦めてしまっています。

たとえ反旗を翻《ひるがえ》しても、そういう人たちは皆、役職を解かれたり国外追放になってしまうため、現体制の権力には逆らうのは非常に大変なのです。こうした汚職環境に置かれているウクライナの国民はとても不幸だと思います。

日本もウクライナの復興支援では「日本には戦後の復興や東日本大震災の復興などのノウハウや経験もあるし、地雷除去の技術も持っていますので、それらを提供してウクライナを応援します」と前向きな姿勢を見せています。実際、日本は新たに首都キーウにジェトロ（日本貿易振興機構）が事務所を設けて、「日本企業からのウクライナに対する投資や技術移転を支援します」と宣言し、開所式も行いました。

こうしたことはとても重要です。けれども、日本もすでに賄賂《わいろ》を要求されたりする事案が起こっているのではないかと懸念され、一部の政治家や軍の関係者が密かに私腹を肥やす新ルートになるだけという話もあります。

日本の援助がしっかりと根付いて効果を上げるためには、ウクライナ自身の、賄賂が当たり前で汚職が蔓延しているような社会風土を徹底的に直していくべきです。日本の自民党が直面している裏金問題とは全然スケールが違うとしても、政治の腐敗という点ではウクライナも日本も同じ穴のムジナかもしれません。

本来ならウクライナにも汚職の不名誉な体質をしっかりとマインドチェンジできるような指導者がいてもらわなければいけません。それなのにゼレンスキー大統領はスピーチ原稿をすべてアメリカのPR会社に準備させても平気の平左です。彼が本当にウクライナのために働いているか、大きな疑問符が付いているわけで、ウクライナ戦争の停戦よりもリーダーの交代が先決ではないかと思われます。

戦争が続くほど儲かるのが戦争ビジネス集団

ウクライナ戦争が続いている背後にはアメリカやEU諸国の戦争ビジネス集団がいることも知っておかなければなりません。戦争ビジネス集団はゼレンスキー大統領を支援しており、ウクライナ戦争が終わると困るのです。当然ながら戦争こそが彼らの利益の源泉となります。

特にアメリカの場合、もともとその対外戦略の中心には「戦争ほど儲かるビジネスはない」という軍産複合体（軍部、軍需産業のほか、ペンタゴンやCIAといった政府機関が政治的・経済的・軍事的に結びついた勢力）の意向が強く投影されています。かつてアイゼンハワー大統領が退任演説で警鐘を鳴らした通りです。逆に言うと、戦争がなければ彼らの存在価値はなくなってしまいます。その構図は今後も変わりません。

だからウクライナに対して、アメリカのボーイングやロッキードなどが積極的に戦闘機の売り込み攻勢をかけています。軍需製品メーカーのレイセオンも販売を加速させている最中です。

では、そうした戦闘機や軍需製品の代金はウクライナが支払っているのでしょうか。違います。ウクライナに多額の軍事費があるはずはなく、結局、アメリカ政府が自国企業の製品を買い取ってウクライナに送っているだけのことなのです。結局、アメリカ国民の血税でアメリカの軍需産業が潤っているということになります。

ゼレンスキー大統領がウクライナ戦争の勝利のために意気込めば意気込むほど、アメリカにとっては「してやったり」ということになることを理解しなければなりません。

そのようにバイデン政権下でのウクライナ戦争はアメリカの軍事産業にとって追い風になっていました。それゆえにトランプ大統領は「ウクライナへの軍事兵器の売り込みはもうやめて、納税者の血税をアメリカの国内に還流させる」と言っているわけです。

戦争ビジネス集団には、ニューヨークを本拠とし10兆ドル以上を運用している世界最大級の資産運用会社ブラックロックをはじめ欧米の投資ファンドも入っています。彼らにとってはこんなに美味しいチャンスはありません。ウクライナが誇る広大な農地、ロシアとの国境に埋蔵されたままで眠っている未開発のレアメタルなどの地下資源も全部すでに欧米の投資ファンドが押さえています。

ウクライナに投資をしている側からすると、「戦争が中途半端な形で早く終わってしまえば困る」というのが本音でしょう。ウクライナ戦争はだらだらと長引くことによって、軍産複合体や投資ファンドは美味しい果実を貪《むさぼ》り続けることになります。

ウクライナ戦争ではそうした戦争を長引かせようという勢力のほうが、終わらせようとする勢力よりもはるかに潤沢な資金力を持ち、加えてメディアを操縦する力も持っているのです。日本は人道的な観点からウクライナを支援して復興に協力すると言っています。欧米が欲しいのはもっと実のある利権なのです。

ロシアも中国とインドを頼りにはできない

ロシアがウクライナに侵攻したことで日本も含め欧米諸国はロシアに経済制裁を科しました。これに対してロシアは「わが国は資源が豊かだから、それほど大きな影響を受けていない」と言って空威張《からいば》りをしています。けれどもロシアの国民生活全般が影響を受けていることは明白です。

中国はすぐそばでロシアの状況を見ていますから、油断は禁物だとはいえ、簡単には国際社会を敵に回すようなことはしないでしょう。それに目下、中国国内の経済状況も大停滞を起こしています。若者の３～４割が就職できないのです。大学を卒業しても皿洗い程度しか職がありません。

そういう状況の下で中国でも不満がどんどん高まってきています。この不満が現政権に向けて火を噴くことを抑えるために、習近平政権は国内向けに「外国勢力が台湾を狙っている。中国の力を削ごうとしている」という宣伝をして、さらにあえて台湾海峡で火の手を上げるということも可能性としては否定できません。

世界規模で見ても、１つの予測としてはウクライナ戦争やガザ危機が収束したら次は台湾有事ということはあり得るはずで、これは世界の軍事専門家の間ではほぼ常識化していると言っていいでしょう。

また、インドにおいても多数の若者たちがロシアによる高額の報酬に騙されてウクライナに連れていかれています。ロシアとの約束では、ロシア軍の後方支援活動だから前線に行くことはないはずだったのが、あに図《はか》らんや前線に投入されて死亡、負傷する例が急増しているのです。

そんな危険にさらされているインドの若者たちから「何とか早くインドに帰りたい」という嘆願が殺到したため、インドのモディ首相もモスクワに出向いてプーチン大統領と協議したり、ニューヨークではゼレンスキー大統領と会ったりして事態の打開に動いています。そうやって非同盟外交の主としてインドは、ウクライナ戦争の現状を何とかして改善したいと動いているものの、まだ大きな力になっていません。

中国やインドの動きをロシア側から捉えると、ロシアにとってやはり中国やインドの協力はほとんど決め手にならないということでもあります。

プーチン大統領にまつわる健康不安説

ロシアは日本を含め世界各国から経済制裁を受けています。プーチン大統領はいつまで国のトップとして存在し続けることができるのでしょうか。

ロシア国内では彼に対する支持は堅固だと宣伝されているものの、先行きには不安要素が満載です。プーチン大統領政権がいつまで持つのかでは2025年がその大きな岐路となります。

ウクライナ戦争はプーチン大統領の暗殺はともかく病死が襲えば戦争は終わるでしょう。そうした期待もあって彼の健康不安説がずっと尾を引いているわけです。サンクトペテルブルクに彼のための特別な延命長寿研究センターができました。そこには医者である彼の娘が詰めて主治医として彼の健康を24時間体制で管理しています。娘なのは、他人が主治医だとむしろ危ないからです。

彼には2人の娘のほかに通称「バービーちゃん」と呼ばれる広報担当の有名なイギリス生まれの女性がいて、彼女がプーチン大統領のＰＲ活動やイメージづくりを担当しています。

周知のように、たとえばがんにかなり侵食されているという説は前々から広く流布されてきました。そのため彼は人前に出るときには影武者を極力使っているとか、握手したりするのは本人ではなくて全部影武者に任せているとも言われてきました。確かにいろいろな写真を見比べてみると、本人との違いが歴然とするものもあります。

当然、健康状態が悪化した場合にはどの影武者をどう使うとか、あるいは生前の映像をうまく加工して国内の混乱を引き延ばすなどという工作を行うはずです。

また、確認はされていませんが、プーチン大統領には2人の娘以外に、まだ20歳になっていない息子がいると言われています。しかもその息子はロシアにはおらず、スイスにかくまわれている模様です。だからスイス在住の外国大使の間では「謎のプーチン大統領・ジュニア」を巡る情報の争奪戦が進行しています。

もしプーチン大統領が急に命を失うということになっても、おそらくはしばらくの間、その情報は表に出ないでしょう。むしろ生きているような体裁を取り続け、できるだけ長く影武者で体裁を保つことになるはずです。そのうえ後任にその息子を付けるという筋書きもあります。

ともあれクレムリン内部の権力委譲のプロセスがどういう形になるにしろ、うまく決着できるかどうかを見極めなければなりません。さらにロシアのなかには反プーチン大統領派も以前からうごめいています。反プーチン大統領派が欧米の支援を受けて体制転覆に動く可能性も否定できません。

なお、ノストラダムスはプーチン大統領暗殺を予言していますので、これについては後述します。

ロシアとウクライナに対する日本の対応

日本はアメリカに言われるままにロシアに対する制裁に加わっています。しかし、その半面でロシアから天然ガスや石油を買い続けているわけです。こうした点から言えば、ロシアが今後どういう形で生き残っていくのか、プーチン大統領がどういう戦略でもって欧米と対峙しようとしているのかなど、ロシアの動きはことごとく日本の行く末を左右する大きな問題です。

故安倍晋三元首相は力による支配のアメリカの限界を認識し、新たなバランス外交に舵を切ろうとして水面下でロシアとのパイプづくりに腐心しました。外交用語で「テタテ」と呼ばれる「首脳２人同士の会談」をプーチン大統領との間でも重ね、その回数は27回に及んだのです。

一方、ウクライナについては日本はアメリカから圧力を受けて、ウクライナ復興支援会議を東京で主催しました。加えて当時の岸田文雄首相も上川陽子外相もウクライナに出かけて支援を約束したのでした。

もともとウクライナは日本とのつながりが太い国で、大相撲の大鵬《たいほう》の父親の故郷もウクライナです。東京のウクライナ大使館に筆者もしばしば訪問する機会がありますが、応接室の一番目立つ壁に大鵬の大きな写真が飾ってあります。実は大鵬の父親はスターリンの強制的な民族移動政策で樺太に移住させられた人なのです。

樺太のほかにも今の北方四島には強制的に移住を強いられたウクライナ人が多く、最盛期にはウクライナの人たちが北方四島の人口の3分の2を占めていました。彼らからすれば、自分たちが無理やり強制移住させられたということもあって、日本とロシアとの間で関係が改善して北海道と北方四島とが地理的により一層緊密になれば、日露関係の改善の橋渡し役を務めたいという動きもあります。

彼らはロシア人というよりウクライナ人としての意識が強い人たちなのです。日本がまだ十分に活用していない人的資源や歴史的なつながりがあちこちに眠っているのです。

日本から見ればウクライナは遠く離れた国ですが、日本の平和外交、これまで日本が培ってきた技術や文化の力で日本の良さを広めていくことが外交上もきわめて大切です。

日本が国際社会で信頼を獲得して大きな役割を担うということを目指すのであれば、やはりウクライナ戦争に対して独自の調停役を果たす必要があります。単にアメリカの言う通りに「経済援助をします」と言うだけでは国際社会からの信頼や信用は得られません。

ウクライナがロシア放逐の国際世論をつくる

アメリカの軍産複合体としては、ゼレンスキー大統領に問題はあるものの、この男に頑張って戦争を続けてもらわなければ美味しい金儲けが続けられないと考えているのは確かです。

アメリカの戦争ビジネスに利用されたという視点からは、ヒトラーとゼレンスキー大統領はひょっとすると同じ穴のムジナかもしれません。２人とも独裁者ですが、背後には独裁者を操る利に敏《さと》い個人や組織が潜んでいるのです。

戦争が終わった後に独裁者が死んで、利に敏い個人や組織が「これはひどい独裁者だった」と広く宣伝すれば、彼らがそれまでしてきた金儲けという本当の目的は陰に隠れてしまいます。まさに「死人に口なし」で、こんな好都合はないわけです。

もっとも、２０２５年のどこかでウクライナ国民の厭戦《えんせん》気分が満ちてしまい、「これ以上戦争はもう嫌だ」と言ってゼレンスキー大統領を引きずり下ろすことはあるかもしれません。

彼を巧みに利用してきた欧米の戦争ビジネス組織は、そうした事態を非常に恐れています。戦争が長引けば長引くほど儲かるのに、彼がいなくなると戦争が終わって戦争での儲け口がなくなってしまうのです。

そこで今、ゼレンスキー政権およびそれを支えている欧米の投資ファンドは、ウクライナ国民の停戦の意向を全力で封じ込めようとしています。「停戦などしたら、ロシアはウクライナにとどまらず、次はハンガリーやチェコ、北欧3国などにどんどん侵攻していく。それを防ぐためには欧米が支援するから、ウクライナが踏ん張ってロシアを追い返すかロシアを潰さなければダメだ」という国際世論をつくることに懸命です。

言い換えると、戦争ビジネス集団はウクライナの無辜《むこ》の民が命を失うことは眼中にありません。ウクライナの国民にとってはたまったものではないでしょう。

戦争を停止させられるのはアメリカだけだ

ウクライナ戦争がだらだらと続いていくなかでアメリカは最終的にはロシアを殲滅《せんめつ》する

ことを狙っています。しかし現在進行中のウクライナ戦争でもそれ以前の朝鮮戦争、ベトナム戦争、アフガニスタン侵攻でも外交努力より「力による支配」を優先し、結果的にアメリカは失敗を重ねてきました。

だからトランプ大統領からすると、アメリカ国内の経済を立て直すことを第一に考えるべきで、無駄な援助をいつまでも続けるのはアメリカの基盤を弱めることになります。そこで、「ウクライナ戦争とアメリカとは直接関係がないから、ウクライナに多額の公的資金を投入するというのは間違っている。自分がホワイトハウスにカムバックしたら、プーチン大統領もゼレンスキー大統領もよく知っているから直接交渉して即座に戦争をやめさせる」と大統領選で公言してきました。

また、トランプ大統領はこれまでプーチン大統領、習近平国家主席、金正恩総書記といった独裁者に期待を抱かせるような言動を繰り返してきました。ゼレンスキー大統領に対しては「今世紀最高のビジネスマン」と称えながらも、「自分はウクライナ支援を止める」と明言しています。アメリカの援助がなくなれば、ウクライナは戦争継続が無理になるだけでなく、国としても存続できなくなることは明白です。

いずれにせよ目下のところ、ウクライナ戦争を終わらせることができる国はアメリカしかありません。要するに、ウクライナ戦争について本腰を入れて決着という方向に持っていけるだけの交渉力をアメリカが発揮できるかどうか。その1点にすべてがかかっていると言えるでしょう。

アメリカがプーチン大統領とゼレンスキー大統領の首根っこを抑えて、どこで停戦の合意に至らせるか。両者の生殺与奪権を持つアメリカが「もういい加減にしろ。これだけ多くの民間人の犠牲が出て、民間人だけでなく若い兵士もどんどん命を失っているではないか。このままいけばゼレンスキー大統領の政治生命も終わるはずだ。私たちが支援をストップすればどうなるか。もう妥協して、ある程度の領土はロシアに割譲しろ。ロシア人がたくさん住んでいる地域は諦めろ」と言って説得するとすれば、収まるものは収まるでしょう。

また、ロシアが実効支配している領土では住民投票を行うとウクライナからの独立を主張する意見が多数派になるわけです。そういう地域できちんと折り合いを付けるようにロシア、ウクライナの両方が納得できる構図ができれば停戦と和平も可能になります。

こうしたアメリカに代わる役割を中国、ロシア、インドが1国で担えるのかと言うと、3ヵ国とも圧倒的な力は持っていないので不可能です。

実際、中国もブラジルもウクライナ停戦に向けて提案はしているものの、ゼレンスキー大統領はまったく無視しています。

ただしインドが言っているように、ブラジル、ロシア、インド、中国、南アフリカにサウジアラビアなどを加えたＢＲＩＣＳの10ヵ国がそれなりにまとまって、アメリカに代わって国際紛争の調停役の役目を果たすのは試みてもいいのではないでしょうか。ウクライナ戦争もすぐに停戦には至らなくても、停戦するための地ならしとしてロシアとウクライナに対して歩み寄りを促すことはできるかもしれません。

人材や資源の不足で自力の戦後復興は無理

ウクライナ戦争はなかなか終わらないと述べてきました。とはいえ、戦争をできるだけ長引かせたとしても、やはり必ずいつかは終わります。だから、戦争ビジネス集団は今のうちから、終わったときにどれだけ多くの利権を確保できるかも常に考えながら行動しているのです。

戦争が終結すれば、それはそれで復興ビジネスの出番となり、次の金儲けのチャンスが到来します。すなわち、戦争で国土が破壊され国家がぶっ壊れるような事態に陥れば、それを建て直さなければならないので、戦勝国にとって巨大なビジネスチャンスが訪れるのです。代表例が第２次世界大戦後のヨーロッパにおける復興計画だった「マーシャルプラン」でしょう。

ウクライナ戦争が終わったら、建造物やインフラの復興・普及は当然ですから、ここでは農産物を取り上げましょう。

金融ファンドのブラックロックの社長などはウクライナをたびたび訪問して、すでにゼレンスキー大統領と戦後復興事業に関する打ち合わせを重ねています。その有力なターゲットが農産物にほかなりません。

あまり表には出てはこないものの、ウクライナはヨーロッパ最大の穀倉地帯なので、農産物はとてつもなく魅力的なのです。ただし、できるだけ広い農地を手に入れるという点では、やはり戦争が長引いたほうが戦争に投資した結果の果実もたくさん取れるということになります。それを見越していたからこそ、投資ファンドはこれまでにウクライナの農地をどんどん買収してきました。

これまでブラックロックをはじめとするアメリカの投資ファンドが小麦やトウモロコシの農地を想像以上の安値で買い漁ってきて、ウクライナ政府のほうも所有の農地を叩き売ってきたのです。

世界有数の穀倉地帯の地主が欧米の投資ファンドになってしまった結果、戦争が終わったら外国の地主のためにウクライナの農民は働くことになります。本来ならウクライナも国として農業を成長の梃子《てこ》にできるはずなのに、自国で農業をもり立てるのは農地を売り渡してしまっただけではなく資金も技術も枯渇していて無理なのです。

農業だけに限りません。ウクライナはどの分野においてもすでに自分たちが持っていた貴重な人材や大切な資源を欧米の投資ファンドに奪われてしまっています。ウクライナは戦争が終わってもスカスカの状態で祖国の復興に取り組まざるをえません。理不尽ではあるものの、それが戦争の現実なのです。

いずれにせよ戦争ビジネス集団としてはまず戦争では軍事面で儲けて、戦争の決着の見通しが付けば次は復興事業でまた儲ける、という構図になっているのです。

ガザ危機も依然として続いていく

ハマスの攻撃へイスラエルが激しい反撃

ガザ危機はイランとイスラエルの全面戦争を招く可能性もあります。

パレスチナの武装組織ハマスは２０２３年10月7日早朝、ガザ地区からイスラエル領内に数千発のロケット弾を撃ち込むとともに戦闘員を領内に潜入させ越境攻撃も敢行しました。これに対してイスラエル軍もガザ地区に報復の空爆を行い、イスラエルとガザ地区では併せて数千名の被害者が出たのです。ハマスは２５０人以上のイスラエル人などを人質にしています。

イスラエルのアイアンドームは世界最強の防空システムと言われてきました。９割以上の確率でロケット弾を撃ち落とせる能力があって、実際、これまではハマスのロケット弾に対しても十分に機能してきたのです。ところがこのとき、短時間に想定外の大量のロケット弾が飛来してきたため、かなりの数のロケット弾を打ち漏らし、被害もそれだけ拡大してしまいました。

それに今回のハマスの攻撃はイスラエルにとっては寝耳に水でした。ハマスもきわめて周到に攻撃計画を立案したのは間違いありません。しかもそれは事前には漏れませんでした。ただし、ハマスの攻撃の予兆はエジプト当局からイスラエルのネタニヤフ政権に伝えられたという報道もあります。しかしこれをネタニヤフ首相は否定しました。

また、世界的にも最強の諜報機関の１つとされてきたイスラエルのモサドも、ハマスによる攻撃の動きをまったく察知できませんでした。

このハマスの突然の攻撃を受けて、イスラエルの地上軍はパレスチナのガザ地区に侵攻しガザ危機が起こり、続いてレバノンやイエメンへの攻撃も開始しました。3正面展開です。これでついにはイランと衝突するのではないかという事態を迎えたのです。

イスラエルはネタニヤフ政権をこの戦争を継続することによって守る、自分たちの国の存在を守る、というゴリ押し的な発想に従っているように見えます。そのため国際的な批判を受けていますので、イスラエルの国民、特に兵役年齢の若い人たちは戦争に嫌気がさしているに違いがありません。

ネタニヤフ首相は「ハマスやヒズボラなどのテロ集団がわれわれに対して戦争を仕掛けている。これを殲滅しなければいつまでも危機に直面したままになってしまう」と主張し、ほとんど無差別攻撃に近い形でハマスやヒズボラに空爆やミサイル、ドローン攻撃を続けてきました。

攻撃を受けている側は黙って見過ごすわけにいきません。しかも、ハマスやヒズボラの指導者も次々に殺されていますので、イスラエルに対する憎悪や不信感は高まるばかりだと思います。

ガザ地区やレバノンで犠牲者がどんどん増えていることについては、イスラエルも「ヒズボラの拠点を攻撃している」という言い逃れをしています。けれども、犠牲者にはヒズボラの兵士だけでなく数多くの一般人がいるのは否定できません。この多大な犠牲のうえに、ようやくレバノンとイスラエルの停戦が実現したのは２０２４年11月でした。

それにしてもなぜイスラエルは国際社会から非難を受けながらも、戦争を終えようとしないのでしょうか。イスラエルは、ガザ地区が面する地中海の沖合に眠る膨大な天然資源を、20年以上前から狙っています。石油や天然ガスを確保するためには、ガザの市民を国外に追いやる必要があり、とりあえずエジプトに追い出そうとしているわけです。

住むところを奪われて行き場のないガザの難民はエジプトに向けて逃れざるをえません。エジプトにとっては迷惑な話なので、エジプト経由で彼らをアフリカの難民キャンプのようなところに送り込むということしか選択肢はない状況が生まれています。

なお、仲介国カタールとアメリカは２０２５年１月15日に、イスラエルとハマスがガザの一時的な停戦に合意したと発表しました。履行を１月19日から開始し６週間戦闘を休止してハマスは人質33人を解放するという内容です。

けれども、この合意がそのままガザでの戦闘の長期的な停止につながるかどうかはまったく分かりません。

アメリカの支援で安心して戦争ができる

イスラエルはパレスチナに対する頑《かたく》なな姿勢のままで、中東では孤立状態です。しかし後ろ盾としてイスラエルにはアメリカが付いており、まずアメリカのユダヤロビーが絶大な政治的、経済的影響力を行使しメディアもコントロールしています。世界中のユダヤ系資本も後押ししていますので、アメリカがユダヤ系資本の影響下にある限りイスラエルは資金面でも潤沢な支援が期待できるのです。もちろんアメリカの軍産複合体も支援しています。

さらにアメリカ連邦議会も民主党、共和党のいかんを問わず、イスラエル擁護の姿勢を崩しません。アメリカの国会議員もやはりイスラエルからの政治資金を相当当てにしているところがあるからです。

アメリカ政府の予算を決める連邦議会はイスラエル関連の予算を絶対に削らないどころか、増やすこともできます。それでイスラエルは経済支援に加えて米軍から大量の武器、弾薬、ミサイル等を提供されているのです。

一方、国際世論は「非人道的な戦闘を続けるイスラエルはけしからん」と強く非難していますし、イスラエルのネタニヤフ首相に対しても「非人道的だ、殺人狂だ」との非難が浴びせられています。けれどもネタニヤフ首相はいっこうに気にしません。それで国連が何らかの形で仲裁や介入をしようとしたとき、イスラエルは国連のグテーレス事務総長のイスラエルへの入国禁止措置で対抗しました。

イスラエルは「ガザ地区に住んでいるパレスチナ人を1人残らずエジプト経由でアフリカの方に追い出す」という構想を持っています。そこには、イスラエルという国をしっかり確立してパレスチナ人全員を約束された聖なる土地から追い出すことが自分たちに与えられた神からの啓示だという強い信念があるわけです。この点でも、いくら「人道に照らしてガザへの攻撃は問題だ」と言われても、「そういうことを言うほうが今のイスラエルの立場を分かっていない」ことになるのです。

しかもアメリカから政治的、資金的に全面的な支援を受けています。イスラエルは国際社会からいくら批判されても全然こたえませんから、イスラエルは安心して戦争ができるのです。

抑圧される国内の反ネタニヤフ派の動き

ガザ危機に対してはイスラエル国内の批判もあります。たとえば現在のイスラエルのガザ攻撃にして反旗を翻している国会議員や国防関係者もいることにはいるのです。これはなかなか大きな声になりません。イスラエル政府がそういう反政府的な言動や行動をネットを含めて次々に潰して回っているからです。

国内の一般市民からも「いつまで戦争を続けるのか。これ以上犠牲を増やさないように停戦交渉を早急に始めるべきだ」という声が上がるようになってきました。それで反ネタニヤフの立場から「もうこんなジェノサイドは反対だ」という市民の運動も起きていますし、「ネタニヤフなんかは追い出してしまえ」とか「ネタニヤフを暗殺してしまえ」といった過激な発言も聞こえてきます。

しかし、こうした運動や発言も瞬《またた》く間にかき消されてしまっているのが現状なので、国内の批判がネタニヤフ首相を政権の座から引きずり下ろすというところまでいくかどうかは分かりません。

ところで、筆者もイスラエルには何度も行きました。目の前に広がる地中海を見渡せる海岸線は素晴らしく風光明媚《めいび》なところです。ヨルダン川西岸についてはイスラエルはすでに大量の入植者を送り込み、事実上、自分たちの土地を増やしていっています。

イスラエルは教育にすこぶる力を入れており国民の知的水準は高く、医学やＩＴの分野では国際的に高い評価を得ている専門家や研究者が多くいて、ノーベル賞も取れるような優秀な人材の宝庫なのです。

イスラエルには欧米諸国は言うに及ばず、日本やシンガポールなどアジアからも多くの企業が進出しています。イスラエル企業のほうは軍事転用可能な技術を充分に蓄えていて、「これからの新しいＩＴ関連技術は自分たちの頭脳で生み出す」という自信が随所に感じられました。

ただし、そうした自信が自己正当化につながっており、自分たちが世界の中心、世界の正義だという確信を招いています。しかし自己正当化に反対するような意見には耳を貸そうとしません。やはり自分たちは神から選ばれた優秀な選民であるという思想が強いからでしょう。

2国家並立を阻害しているガザ沖の海底資源

今回のガザ危機が終わるとしたら、イスラエルがガザを全部手に入れた時点で行われる停戦交渉を待つしかないでしょう。しかしパレスチナ側も必死ですから、イスラエルも最終目標であるガザの完全占領はなかなか厳しい。少なくとも2025年のうちにカタが付くような簡単なことではありません。

ただしパレスチナとイスラエルの2国家並立という方向を重視し、「お互いに共存共栄できるような方向を目指そうじゃないか」というのが良識派の考えです。その方向を支持する人や国は圧倒的に多く、イスラエル国内でも支持派が増えています。

パレスチナとしてもイスラエルとの2国家共存という選択肢がもっとも平和的で国際社会からも認められる可能性が高いと期待しているはずです。しかも沖合の資源の利権を確保でき、戦争で疲弊した国土の復興と再建に必要な資金も得られます。

対してイスラエルは、ガザを手に入れれば同様に沖合の資源開発の利権を確保できることから、ガザも沖合の資源もすべて「神がユダヤ民族に約束したもの」といった受け止め方をしています。そのため2国家共存案には乗りません。

ガザ危機にはイスラエルとパレスチナの感情的対立や単なる領土的対立だけではなく、ガザの利権もからんでいるのです。ガザの沖合にはほぼ無限大に近い石油と天然ガスの油田がありますから、イギリスの石油会社なども石油プラットフォームをつくって開発する準備を早々に進めています。それでエジプトと協力しイスラエルおよびパレスチナの両方と掘削の契約を結んでいるのです。とはいえ、もちろんイスラエルとすれば、パレスチナの膨大な天然資源を他国に持っていかれるのを絶対に許したくありません。

ガザがイスラエルの領土になってしまえば、その先に広がる地中海もイスラエルのものになり、同時に海底に眠る未曾有《みぞう》の資源も得られます。何があってもイスラエルがすべての資源を独占すると決めているのです。そういう意味では、やはりガザ危機の終結はイスラエルがガザからパレスチナ人を完全に追い払った後にしか実現しないでしょう。

ガザ利権を狙う中国とトランプの義理の息子

ガザの利権についてはさらに別の勢力も関わっています。まず中国が傍観するようなことはありません。すでに新たな権益の分け前を得ようと水面下での交渉を進めています。

中国は南シナ海では、海底から土砂をくみ上げて岩の周りを埋め立て軍事拠点をどんどん造っています。これは岩を島にして開発拠点を造り出すというとても高度な土木技術なのです。

中国はイスラエルに対して、ガザの沖合の油田開発用のリグ（石油採掘プラットフォーム）建設にこの技術が活かせますという売り込みを展開しているわけです。また当然、「リグ建設が実現した暁には油田の利権の一部をもらいます」という交渉も密かに進めています。このような水面下の動きを考えても、ガザの戦争のほうも2国家共存構想といったような中途半端なものに終わる可能性は少ない、ということになるでしょう。

さらにトランプ大統領の娘イヴァンカ氏の夫クシュナー氏も関わっているのです。彼はユダヤ人なのでイスラエルに太いパイプがあり、目下、ガザ地区の再開発計画を進めています。これは目の前に地中海が迫っている風光明媚な場所に高級な別荘を並べ建てるという計画です。言い換えれば、「パレスチナ人が全部いなくなった後は海岸線一帯に未来都市を造る」という計画にほかなりません。すでに売り出しのキャンペーンも始めています。

しかも海底にはガザの利権である莫大な資源が眠っているわけです。それをアピールの目玉の1つにし「今がチャンスです」と宣伝して、この未来都市の利権を世界の富裕層に売りまくっています。ガザ危機が終わっていないのにもう終わった段階を見越して、ガザ地区をすべて自分たちが自由に使えるようにしようというクシュナー氏の商魂は義理の父親であるトランプ大統領も顔負けでしょう。

イヴァンカ氏やその兄弟たち、親族たちも、相手がロシアでも中国でもイスラエルでも外交において最優先しているのはビジネスなのです。

事実、トランプ大統領は2025年2月4日にガザについて、住民をガザの外に移動させて、アメリカが「所有」する、との考えを発表しました。

イスラエルとイランとの全面戦争の可能性

2024年10月にイランがイスラエルに向けて180発以上のミサイル攻撃を仕掛けたときには、被害自体は小さかったとはいえ、イスラエルは新たなテロだという受け止め方をしました。以前から両国の国内ではいずれも相手に対する反発が盛り上がっており、イランのミサイル攻撃はそれに火に油を注ぐ形になったのです。このままネタニヤフ政権が続くと、いずれイランとの全面対決も避けられなくなるでしょう。

イスラエルとイランを比較すれば、イスラエルのほうがITはじめ経済力でも軍事力でも勝《まさ》っています。かたやイランは人口の規模や周辺諸国に対する影響力という意味では大国です。イスラエルは周囲をイランの同盟国に囲まれているために地理的には孤立しています。

近年、イスラエルとの関係を深めてきているように見えるサウジアラビアでもガザ危機についてイスラエルを批判する発言が目立ち始めてきました。

もしイスラエルとイランの対立が全面戦争に発展したら大国同士の戦いということになります。イスラエルは現状でもまだ十分に戦争継続能力があるのは間違いありません。それでもイランは、本気で周辺国と連携してイスラエルを叩くと必ず自分たちが勝つと信じているようです。

イスラエルとイランの戦争の火花は止まるどころか、レバノンやイエメンなどの周辺の国に広がっていくでしょう。となると収拾がつかなくなる可能性が出てきて、中東では実に厳しい情勢が続くことになります。非常に多くの犠牲者が出るのも覚悟しなければなりません。

結局、ウクライナ戦争にしてもガザ危機にしても似たような運命に直面していると言えます。どちらもときには戦果を拡大しながらだらだらと続けていかざるをえないということです。とするとゼレンスキー大統領、プーチン大統領、ネタニヤフ首相はいずれも同じような位置付けになります。3人に共通しているのは力によって反対勢力を抑え込むということで、気に食わない連中は全部牢屋にぶち込む、あるいは国外に追放することで権力を維持しているのです。

こうして第3次世界大戦が勃発する

国内の問題だけにしか目が向かなくなった

アメリカは以前、世界最強の軍事力、経済力、政治力を誇っていました。あらゆる面でアメリカに圧倒的な力があったため、アメリカが「こうする」と言えばほとんどの国は従わざるをえませんでした。だからアメリカは世界のリーダーとして自由な民主主義を体現し、その拡大に邁進してきました。

今でもアメリカとしては軍事的、経済的、政治的に世界最強の国家であるという覇権を維持したいのです。しかしアメリカ経済はどんどん衰退し、国内も分断・分裂という状況に苛まれると、通常の政治家のレベルでは思い願うような交渉が他国との間でできません。もはやアメリカは足元がぐらついている状況になっています。ノストラダムスの予言に関係なくアメリカの凋落は既定事実化しているのです。

にもかかわらず、アメリカが世界の中心であらゆる問題を克服できるという考えに依然として囚《とら》われているアメリカの政治家が少なくないこと自体が、アメリカの力が落ちてきた新しい時代に移行できない大きな原因の1つかもしれません。

ともあれ今のアメリカは、国連が火の車となっているのと同じように財政が危機的状況に陥ってしまいました。加えて貧富の格差と地域間の格差がどんどん進行し、国内の分断や治安の悪化も深刻になって、違法な難民も大量に押しかけてきています。先進国のはずがあたかも発展途上国のような状況を呈してきたのです。

また、アメリカではいわゆる白人のヨーロッパからの移民がマイノリティになりつつあります。半面でアジア系、アフリカ系、アラブ系、南米系の移民がマジョリティを形成するようになり、白人はどんどん追いやられているのです。

アメリカの中西部から東海岸に至るラストベルト（寂れた工業ベルト地帯）にあるペンシルベニア州、オハイオ州、ミシガン州、インディアナ州などでは白人労働者も希望するような仕事になかなか就けません。

そうしたことでアメリカの国内でも相当過激な分断が起き、不平不満を持っている中産階級の白人たちが大統領選で過激な排他主義を標榜《ひょうぼう》するトランプ氏に賛同して投票したのです。

だからアメリカは世界の問題ではなく国内の問題だけにしか目が向かなくなっていると言えるでしょう。言い換えれば、残念ながらアメリカはもう自国の問題だけで手一杯なのです。問題解決のためには、たとえば国内の教育や治安の回復はもちろん、経済面でも自前の技術開発などにももっと積極的に取り組んでいかなければなりません。

海外のウクライナ戦争やガザ危機、さらにはアフリカにおけるコンゴの内乱などよりも国内の問題を解決するほうが先決ではないかと考えるアメリカ国民が多数派になってきたのです。

アフリカで発生しているコンゴの内乱をどう処理するのか、さらには台湾有事が勃発したらどんな対応をすべきか。これらのことにも今のアメリカはとても手が回らなくなっています。

内乱・内戦につながるアメリカ国民の対立

アメリカは世界最大の経済大国、軍事大国を誇ってきたのですから、世界にとってはアメリカがみるみる凋落していくような状況は一番困ったことなのです。今後、アメリカは凋落に対して手をこまねいてじっとしているのか、何らかの起死回生の手段を打ち出せるのか。といって、たとえば経済面で中国を排除しようとしても、中国のアメリカ進出を全部とめられるはずがありません。

そんなアメリカで2024年11月、連邦議会選挙で共和党が上院と下院で多数派を占め、大統領選でトランプ大統領が2期目の当選を果たしました。いずれも共和党なのでこれを共和党のイメージカラーのレッドにちなんで、「トリプル・レッド」と呼んでいます。民主党とすればトリプル・レッドは危機的状況です。

しかしトランプ大統領がカムバックしたからといって、アメリカ経済の復活は容易なことではありません。

筆者もトランプ氏には1期目の大統領になる前に会ったことがありました。印象としてはとにかく「自己中《じこちゅう》の塊」のような人柄です。「私に任せてくれれば、日本とロシアとの間の領土問題なんてものは、あっという間に解決してみせる」と豪語していました。

さらに、「トランプという名前の付いた自社リゾートやカジノを、国後島《くなしり》や択捉島《えとろふ》に開設して世界中の富裕層を招く。ロシア領も日本領も関係なく、共同管理という提案をすれば、必ずプーチン大統領が乗ってくる」と力説していたことも思い出します。

ウクライナ戦争についてもトランプ大統領は具体策などまったくないのに大統領選で「ホワイトハウスにカムバックした暁《あかつき》には24時間以内に収める」と言ってきました。トランプ大統領の頭の中は、何を言えばメディアが飛び付くか、どういう発言をすれば有権者や国民が耳をそば立ててくれるかが最大の関心事なのです。

トランプ大統領にとっても大統領選で公約したことに成果が出ないとなると、これはこれで混乱を呼びます。彼を支持したアメリカ国民が「約束と違うじゃないか」と全米のあちこちで暴動を起こす恐れもあります。

また、政党についても表向きには共和・民主両党とも体面は保っているものの、両党ともに課題が山積しています。課題を減らしていくことができないと政治体制や社会構造が崩れることにもなりかねません。

つまり、アメリカの経済格差、地域間格差、人種間格差はいずれも拡大する一方なので、大統領や政党がアメリカ国民の対立を呼ぶような失策を犯すと、それが大きな失策ではなくても内乱に発展しかねないほどアメリカ社会のなかでの分断・分裂が深刻化しているのです。しかも、そうした内乱は何らかのきっかけで内戦や南北戦争の再来を引き起こすかもしれません。

民主党のバイデン政権は、軍産複合体の影響を色濃く受けている側面がありました。軍産複合体はポスト・バイデンとして路線を継承するハリス副大統領をホワイトハウスに送り込もうという作戦だったのでしょう。「ディープステート」と呼ばれる影の政府につらなる政権内のバイデン支持勢力はあらゆる手段を講じて政権を思うように操ろうとしたのではないか、と推察されます。ハリス大統領は誕生しなかったので、その意味では作戦は失敗しました。

逆に共和党のトランプ陣営からすれば、バイデン政権を陰で動かしてきたディープステートは一掃しなければなりません。その国内での対立も2025年には内戦状態にまで悪化する恐れがあるのです。それもまさにノストラダムスの予言通りのシナリオであると言えます。

アメリカの内戦と第3次世界大戦の関係

遅かれ早かれアメリカは内乱状態に陥ってしまうことになるでしょう。アメリカ国内でも内戦のような危機的状況が起こりかねないと読み取れるような警鐘をノストラダムスは発しています。すなわち、彼はアメリカで対立が解消されず大規模な戦闘が継続するような状況になると示唆しているのです。アメリカの内戦は、世界をますます不安に陥れてしまいます。

内乱が内戦に発展すると、もちろんアメリカは強いリーダーシップを世界に示すことはできません。世界の混乱をアメリカの力で抑えるのは無理になりますので、アメリカが直接介入できない状況だと、ウクライナ戦争は戦闘ですから内部で力のある側が有利になるのは当然です。ウクライナとロシアの戦力を比べれば、やはりロシアのほうが圧倒的に優位なので、ロシアは占領するウクライナ領土をどんどん広げていって、次にはウクライナだけに留まらず周辺の国にまで食指を伸ばしていくに違いありません。

ガザ危機のほうは、イスラエルのガザに対する非人道的な虐殺行為がこれから中東全域に広まっていく可能性があります。今のイスラエルはアメリカ頼みであっても、アメリカが内戦で頼りにならなくなると、自国の生存をさらに確実にするために、逆にますます過激な行動に出ていくはずです。

こうなるとイスラエルはイランとの全面戦争に突入していくのも時間の問題となります。イスラエルはアメリカがバックアップしており、イランはロシアがバックアップしていますが、アメリカは内戦で、ロシアはウクライナ戦争で、いずれもイスラエルとイランの戦争を止めるような余裕はありません。それで起こったイスラエル・イラン戦争は、必然的に世界のあちこちに混乱と対立の拡散をもたらし、世界は収拾がつかなくなっていくでしょう。

一方、ロシアはウクライナの周辺の国にまで軍事侵攻していくのですから、こうして中東とヨーロッパで第3次世界大戦の口火が切られる状況になってもおかしくありません。
ノストラダムスの**「2025年には世界が第3次世界大戦に飲み込まれる」**という予言が当たるような状況が刻一刻と迫っているのです。

最悪の事態を招かないのが今の人々の使命

ウクライナ戦争とガザ危機にアメリカの内戦が加わって第3次世界大戦が起こると、防ぎようのない状況になります。

けれども、ノストラダムスは**「2025年前後には中国が引き金を引いて第3次世界大戦に人類は突入する」**と読める詩も残しているのです。彼曰《いわ》く、**「偉大な都市の皇帝は恐ろしい豹の邪悪な行動に引きずり込まれないように動く。彼の軍隊は東方からやってくる軍隊と合流し、赤い敵と対峙する」**。

ここで述べられている「偉大な都市」はアメリカを指し、「豹」と「赤い敵」とは中国のことと解釈されています。「東方の軍隊」とはすなわち「アジア諸国の軍隊」ですから、アメリカとアジア諸国の軍隊が一緒になって中国との戦争に突入するといった読み方ができるのです。アジア諸国の軍隊には日本も含まれているかもしれません。

アメリカは水面下での軍事的な力もフルに活かして敵国を抑えようとするでしょうし、敵国と見なされている国々はアメリカの力を削ごうと必死で動こうとしています。その結果、むしろ双方が激突する可能性は高まっていくのです。

第3次世界大戦が起こった場合も彼は予言で「この戦争が世界的な混乱を引き起こす」と述べています。ではそれは具体的にどういう形で進展し決着に至るのか。決着できなければ、核戦争になるのか。第3次世界大戦になってアメリカとロシアはお互いに核ミサイルを撃ち合うのか。

ところが、こうした問いに対する彼の答えは「今を生きている人々がしっかりと自分の頭で考えて具体的な方向性や結末が最悪のシナリオをたどらないようにしなければならない。それが今を生きる人々に与えられた使命だ。自分はそういう危険が起こり得ると警鐘を鳴らしているだけに過ぎない」ということなのです。

そこがポイントであって、となると筆者の分析では彼自身が第3次世界大戦勃発の危機自体を煽っているわけではありません。実は、権力を維持しようとする組織が第3次世界大戦勃発の事態を煽るフェイクニュースに彼の4行詩を利用していることを彼は問題視しているのです。裏を返すと、それはフェイクニュースを流せる組織にとっては、彼の4行詩は非常に都合のいい、非常に利用しがいのある予言だということになります。

世界での新しい勢力の台頭

連携するアメリカ一極支配に反発する国々

さて、ここで第3次世界大戦に突入する前に戻ってみましょう。アメリカの国内では混乱が常態化し内部分裂に向かっていますので、ロシア、北朝鮮、中国、イランなどアメリカと対立をしている国々からすれば、「この機会を逃さずに一挙にアメリカを潰せ」となりそうです。

特に中国は、アメリカの農地や企業の買収を進め、犯罪者を含めた違法な移民を強引に送り込み、アメリカを内部から突き崩していくという動きを急速に強めています。そこに付け入られる隙《すき》が今のアメリカにはあるわけです。肝心のアメリカが内乱状態に陥ってしまえば、隙を埋めることもできません。

一方、ＢＲＩＣＳ、グローバルサウス、ＡＳＥＡＮ（東南アジア諸国連合）も活発に動くようになって世界的に注目されるようになってきました。このうち、まずＢＲＩＣＳはブラジル、ロシア、インド、中国、南アフリカの頭文字を合わせた造語で、２０２４年からはエジプト、エチオピア、イラン、サウジアラビア、アラブ首長国連邦が、25年にはインドネシアが加盟して11ヵ国体制となりました。いずれも広い国土と多くの人口、豊かな天然資源をもとにこれから大きく成長することが見込まれる国々です。

グローバルサウスは南半球に位置するアジア・アフリカ、中南米地域の新興国・途上国の総称で、インド、インドネシア、トルコ、南アフリカなども含まれます。世界経済における北半球と南半球の国々の経済格差などを表現する南北問題の「南」に相当し、主に北半球の先進国と対比して使われる言葉です。

ASEANとは、東南アジアのインドネシア、マレーシア、フィリピン、シンガポール、タイ、ブルネイ、ベトナム、ラオス、カンボジア、ミャンマーという10ヵ国から構成される地域機構で、加盟国の平和と繁栄の確保、域内経済開発、域内通商の拡大などを目的としています。

なぜBRICS、グローバルサウス、ASEANの活動が注目されてきたかと言えば、これまでアメリカ一極支配の下でアメリカの価値観というものに世界が牛耳られてきた結果、世界のあちこちで戦争や対立が起きて事態は悪化する一方になったからです。

そうしたなか、前述したように戦争が継続されることにより、大儲けができて笑いが止まらない戦争ビジネス集団や軍産複合体が世界でうごめくようになってきました。本来、人類の理想は「世界が平和になり、国連の掲げる理念に従って豊かな社会の実現に協力する」ことのはずです。しかし実際はその逆になっていて、一部の支配層だけが美味しい思いをしてわが世の春を謳歌《おうか》しています。しかも白人優勢論あるいは白人優生論者が大手を振っているという現実は今も昔も変わっていません。

それに抗するという点でもＢＲＩＣＳ、グローバルサウス、ＡＳＥＡＮには期待が集まっているのです。

アフガンのタリバン政権もＢＲＩＣＳ加盟？

特にＢＲＩＣＳについて取り上げると、その発言力が強くなってきていることを反映して今や加盟を希望している国々は30ヵ国に達しています。

２０２４年10月22日から24日までロシア中部のカザンで開かれたＢＲＩＣＳ拡大首脳会議にはウクライナ戦争中にもかかわらず、プーチン大統領も出席して発言し、「世界経済の重心は新興国・途上国に移りつつある」と指摘し、「ＢＲＩＣＳ諸国を中心にグローバルサウス諸国で新たな成長を生む多極的な経済圏が形成されつつある」という認識を示したのでした。

会議の大きなテーマはウクライナ戦争にどう決着を付けるかで、これにプーチン大統領はウクライナ侵攻を巡って同年5月に中国とブラジルが独自の和平案を提案したことを念頭に、「対話と外交を通じた紛争の平和的解決に向けた仲介には注目する」と発言しています。

ほかに大きな話題になったのがアフガニスタンです。2001年に米軍がこの国に軍事侵攻して当時のタリバン政権を倒し、以来20年間にわたって駐留しつつ、その間、民主化政策を推し進めました。けれども長期のアフガン駐留で多大な浪費と損害を強いられた米軍は、勢いを回復してきたタリバンとの間で和平協定を結び、2020年8月30日にアフガンから撤退したのです。するとたちまちタリバンがアフガンで新政権を樹立し、翌年8月にはアフガン全土を支配下に置いてしまいました。米軍としてはもともとタリバンを殲滅するはずだったのに、20年間をかけても所期の目的を達成できず、高額な兵器を大量に残したままの不名誉な撤退でした。

BRICSに話を戻すと、何とアフガンのタリバン政権がカザンでBRICS拡大首脳会議が開かれる1ヵ月前にBRICSへの加盟申請をしたのです。これはアメリカにとって寝耳に水の由々《ゆゆ》しき事態で、加盟問題に対してプーチン大統領やインドのモディ首相がどう決着を付けるのか、それをアメリカはもとより世界が注目しています。

いずれにしろ、ますますアメリカとそれに対するＢＲＩＣＳ＋αの国々との対立が加速するのは必至でしょう。これも第３次世界大戦へつながる導火線となるかもしれません。

ドルの基軸通貨体制から離脱したい国も増える

国際金融について言えば、アメリカはこれまでドルという基軸通貨を握ってきました。それによって必要なものを世界中から調達できるとして世界を支配下に置いてきたのです。

ところが、グローバルサウスの国々を中心に多くの国がドルを溜め込んでいても、ある日突然、紙くず同然になるかもしれないと気づき始めました。それでドルの受け取りを拒否することの先鞭を付けたのはサウジアラビアです。「石油を売っても代金はドルではなく裏付けのある金とか資源との交換という形でないとダメだ。あるいはビットコインのような転換が容易にできるような仮想通貨でないと受け取れない」と言い始めたのです。これもアメリカにとっては寝耳に水の出来事でした。

ノストラダムスの予言によれば、**「偽の金銀がはびこる。そのため価値のなくなったお金は湖や火のなかに投げ入れられる」**とのこと。要するに、アメリカの経済が失速すると同時にインフレが加速して制御不能となりドルの一強体制が崩壊するというのです。すでにその予兆は随所に見られます。金融のグレートリセット（既存のシステムを捨てて再構築すること）が起きるに違いありません。通貨を巡る暗闘は激化するばかりです。

ＢＲＩＣＳの中国、サウジアラビア、ロシアなどはドルの基軸通貨体制からの離脱を目指しています。明らかにドルに対する不信の表われであり、アメリカの天下が終わりに近づいていることを感じ取っているからに違いありません。

アメリカ中心の世界の秩序も１００年経つとやはり綻《ほころ》びが出てきています。これからはＢＲＩＣＳ、ＡＳＥＡＮなど新興国が力を付けてきて、そういう新たな勢力が連携し、「ポスト・アメリカ」という方向に行くことになるのではないでしょうか。

さらに、これからはグローバルサウスの時代が来るということも多くの人々が予想しています。アメリカとすれば容認しがたいところがある予想でしょう。ただ、そうなったときにグローバルサウスの国々とどのように協力していけるのかにも日本の分岐点があると思います。

第3章

予言2

異常気象と大規模な自然災害

「季節が混乱し、海水面が異常に上昇し、沿海部が水没する危機が高まる。人々は硫黄で毒された水を飲まざるを得なくなる」

「人類の住む地球は必ず周期的な災害に見舞われる。一定の周期で地球の活動の一環として地震や津波が起き、火山が噴火する」

「不可解な騒音が世界を覆う。人々は肉体も精神も害を受け、難を逃れようとする人々でパニックが起きる」

自然を操作する技術

人工的に異常気象や自然災害を起こす可能性

ノストラダムスの第2の予言は「異常気象と大規模な自然災害」です。人類に対する脅威は多種多様で次々に発生する感染症も厄介だとはいえ、やはり何と言っても自然災害が最大の脅威でしょう。その自然災害は人類の歴史において繰り返し襲ってきていて、彼は以下のような予言をしています。

「季節が混乱し、海水面が異常に上昇し、沿海部が水没する危機が高まる。人々は硫黄で毒された水を飲まざるを得なくなる」

「人類の住む地球は必ず周期的な災害に見舞われる。一定の周期で地球の活動の一環として地震や津波が起き、火山が噴火する」

「不可解な騒音が世界を覆う。人々は肉体も精神も害を受け、難を逃れようとする人々でパニックが起きる」

さらに彼の衝撃的な予言としては**「アマゾンの熱帯雨林から大洪水が発生し、ブラジル**

の首都ブラジリアは水没する」というものもあります。

自然災害でも地震、津波、火山の噴火は特に恐ろしいものでしょう。これらは地球全体を生き物として捉えれば地球の活動によって必ず発生します。リング・オブ・ファイアと呼ばれる太平洋沿岸に広がる火山帯の活動も活発化する一方です。また北朝鮮と中国の国境地帯にそびえる白頭山《ペクトウサン》にも自然サイクルに合致する1000年に1度の大噴火の予兆が見られます。そうなれば、日本の日本海側は火山灰で埋没の危険に瀕《ひん》することになります。この被害は能登半島の地震や豪雨とは比較になりません。

2025年も異常気象や自然災害が起きる可能性があります。けれども、それは2025年だけのことではないし、どの時代にもどこの国でも起こり得ることです。ただし明らかに近年、異常気象や地球温暖化が極端に進んでエスカレートしてきています。

しかしそこで考えなければならないのは、異常気象や自然災害がすべて本当に自然の営みだけによって生まれるものなのか、ということです。

つまり、人間が世界の力関係を変えようという隠された意図で人工的に異常気象や自然災害を起こしたとしても、同時に「自然現象によって起きたものだ」と説明してその意図を否定することがあり得ます。だからその場合、異常気象や自然災害は自然がもたらすものという人々の思い込みを、誰かが政治的あるいは軍事戦略的に利用しているのではないかと強く疑わなくてはなりません。

実は人々の思い込みを逆手に取ってアメリカ、ロシア、中国などはこれまで資金と人材を投入して軍事的な気象改変装置の研究を長年行ってきました。これらの国々は、自然災害を武器にして人々の不安感を煽り、世界を自分たちが思い定めたほうに向けるために気象改変の研究をしてきたのです。とすれば近年、異常な自然災害が地球上の至る所で見受けられるようになったのも、実際には政治的目的あるいは軍事的目的の気象改変装置開発のための実験だったという見方もできるのです。

なぜ津波兵器ではなく原爆投下を選択したのか

第2次世界大戦が終結する間際、米軍はオーストラリアとニュージーランドの間の沖合で人工津波を起こす兵器の実験を繰り返し行いました。人工津波は、海底に仕掛けた爆薬の爆発を引き金にして津波を起こすという技術です。この実験内容は、アメリカの文書に残されており、オーストラリアとニュージーランド両国の公文書のなかにもはっきりと記載されています。

それにしてもなぜ人工津波兵器の実験を行ったのでしょうか。理由は明らかで、第2次世界大戦で日本が白旗を上げるのを早めるためでした。「地震、雷、火事、親父」といった日本人の生来のメンタリティを分析した結果、日本人が一番恐れているのは地震に代表される自然災害であることがアメリカには分かっていたのです。

だから、津波や地震という自然災害を人工的に引き起こせるなら原爆などの非人道的な大量破壊兵器を使わなくとも日本人の戦意を喪失させることができる、とアメリカは判断したのでした。それで実際に実験を行って、うまくいったわけです。

アメリカ政府や米軍内でも当初は、日本を実験台にして人工的な自然災害を起こす津波兵器を使うか原爆投下を行うかで議論が分かれました。けれども結局、アメリカ政府の上層部の判断で原爆を投下すると決まったのです。

その理由は3つあって、まずアメリカの軍産複合体の「原爆を使ってほしい」という意向を受け入れたことです。次が「確かに人工的な自然災害も有効かもしれない。しかし原爆という新しい兵器には未来の産業につながる無限の可能性があるので、人工津波を起こすよりも原爆投下のほうが意義が大きいだろう」という原爆の将来性を重視したことでした。

最後が「津波や地震で直接ロシア人を怖がらせるというのはなかなか簡単にはいかない。広島、長崎で大きな被害が出れば、それをソ連が見て、『アメリカにはとても敵わない』

と思うに違いない」という判断からです。津波や地震で日本人の戦意を喪失させるよりも、将来の敵対が予想されるソ連の戦意を挫《くじ》くことに力点を置いたのでした。

日本の被害は原爆によって非常に大きなものとなってしまいました。日本の民間人が大量に犠牲になる原爆よりも戦意喪失を目的にした人工津波兵器を使用したほうが、まだ人道的だったと言えるでしょう。

電磁波利用とスターウォーズ計画の一体化

第2次世界大戦が終わって冷戦期に入ると、ペンタゴンは国内の主だった数学者を集めて「プロジェクト・ポパイ」と後に名付けた秘密のプロジェクトを稼動させました。その結果、1967年にペンタゴンは「人工的にモンスーンを発生させ、長期間にわたって敵対国家に被害をもたらせる」という声明を出しています。

背景には、ベトナム戦争でホーチミン・ルートと呼ばれていた北ベトナムの補給ルートをモンスーンで破壊して北朝鮮からの物資の補給をストップさせられれば、アメリカが支援する南ベトナムは北ベトナムに対して有利な戦いが展開できる、という考えがありました。

１９７５年頃からはペンタゴンの下にある高等研究計画局（ダルパ）という組織が自然をコントロールする技術開発に積極的に取り組むようになりました。このことはアメリカの公文書のなかにもはっきり示されています。

ところが、１９７７年の国連総会で「気象改変装置を軍事的に使用することを禁止する」という決議案が採択されました。この決議案が採択されたのは、気象改変装置を軍事的に使う動きが実際に起こっているという証左でもあります。アメリカだけではなくロシア、中国、イスラエルなどの国々も長年、気象改変装置の研究に資金と人材を投入してきたということは、すでに述べた通りです。

これらの国々は、気象改変装置によって気象という自然現象を思うようにコントロールできれば、それを強力な軍事力として敵対する国に用いることができます。しかも自然災害という形を取れば、用いた側には非難が及びません。だから軍事戦略において気象改変装置は大きなウエイトを占めるようになったのです。

１９９０年代に入ると、アメリカは電磁波を人工的に使って気象を変える「ハープ」の研究を始めました。これはハープという電磁波をうまく利用することで人工的に台風をはじめ地震、洪水、旱魃《かんばつ》などを発生させるという研究です。これによって自分たちの軍事的な動きを隠蔽《いんぺい》することができます。

さらにアメリカは、ハープを「スターウォーズ計画」と一体化させて全世界規模で農業を破壊することも意図しました。これによってエコロジカルな環境そのものを破壊することができます。

スターウォーズ計画とは、アメリカのレーガン政権が1983年からスタートさせたSDI（戦略防衛構想）の通称で、アメリカに向かって飛んでくるソ連のICBM（大陸間弾道弾）をミサイル衛星、レーザー衛星、地上のミサイル迎撃システムなどによって撃ち落とし、アメリカ本土の被害を最小限に抑えようとするものです。

ところが、アメリカがハープとスターウォーズ計画の一体化の軍事研究プロジェクトを推進していた1996年、アメリカのテレビ局がこのプロジェクトを暴露する番組を放送しました。その内容は「アメリカ空軍の施設で気象改変装置の研究や実験が長期にわたって行われている。この気象改変装置はハープという電磁波で人工的に台風、地震、洪水、旱魃などを発生させるものだ。これなら災害に見せかけられるため、米軍は責任を問われることなく狙った国の環境および経済基盤を根底から覆《くつがえ》すことができる」というものでした。

これが国連でも取り上げられて次第に問題化していき、2014年になるとアメリカも表向きには、ハープによる環境破壊のための軍事技術の開発を破棄することになりました。

謎の米軍施設『HAARP』の具体的な公文書が見つかった!?

しかし実際にはアラスカにあるアメリカ空軍の研究所で研究が今も続けられています。

また、自然災害を人工的につくり出す場は、空だけではなく海底にもあるのです。

表立っては議論はされなかったものの、インド洋などでも人工津波が使われたのではないか、東日本大震災のときの福島第一原発を襲った津波もアメリカが開発した津波兵器が使われたのではないか、などといった疑惑が後に急浮上しました。

海底なら好き勝手に操作できます。特に太平洋上では現時点でも何十もの火山が常時噴火していますので、人工津波を起こしてもそういう火山の噴火が地震や津波を引き起こしたと説明すれば誰も疑いません。

人工的に大雨を降らせることも可能です。中東などの砂漠地帯、たとえばサウジアラビアやクウェートなど雨が降らなくて困っている地域に、ヨウ化銀を使って人工的な雨雲を発生させ雨を降らせるという実験も頻繁に行われています。

逆に雨雲を蹴散らすこともできるのです。2008年の北京オリンピックの際には、中国政府はやはりヨウ化銀の爆薬を接近した雨雲にぶち込んで雨雲を全部蹴散らしました。それで秋晴れの下、北京五輪を開催できたのです。晴天も集中豪雨も可能なヨウ化銀は使い勝手のいい兵器と言えるでしょう。

人類への警告のメッセージ

大統領選の激戦州に襲来した大型ハリケーン

改めて言うと、地震、津波、火山の噴火については、一般の人たちはどこかの組織が操っているかもしれないなどとは考えません。その盲点を衝ける人工的な気象改変が可能なら、相手国の国土を破壊して農業などに壊滅的な影響を与えることができます。

　また、ノストラダムスの予言にある「空から大王が舞い降りてくる」については、誰もが「自然界の出来事だから防ぎようがない」と諦めてしまいがちです。だからこそ逆の立場に立てば、自然災害という体裁を整えておくとどこからも非難されることなく敵対国を破壊することができるのです。

　以前、パキスタンをはじめ23ヵ国で史上最悪の旱魃が起きて砂漠化が進むというような状況が起こりました。中国でも２０２２年に揚子江《ようすこう》が史上最高の水位を記録しています。これらについても人工的な気象改変が行われた可能性は否定できません。

　中国はもともと特に揚子江が狙われることをすごく警戒してきました。アメリカの気象改変装置による豪雨で簡単に揚子江の下流域を水没させることができるからです。２０２２年に起きた揚子江の史上最高の水位についてもアメリカの仕業だと考えているかもしれません。でも確証はないでしょう。

　そのように気象改変装置に狙われた側も本当の自然災害なのか、人工的なものなのかなかなか区別がつかずに対応に苦慮することになります。そんな技術が手に入れば現代の戦争を圧倒的に有利に展開できます。これもアメリカでは軍事戦略の要に位置付けられているのです。もちろん、すでに述べたように研究開発は長年にわたって継続されているわけですから使わない手はありません。

現在、アメリカではペンタゴンの先端高等研究計画局が地震、津波、火山噴火といった自然災害の発生メカニズムを研究し、人工的に自然を改変して災害を発生させる技術を開発しています。ＣＩＡも同様に気象改変の研究に資金や人材を投入してきました。こうしてアメリカの軍や情報機関は、自分たちの世界制覇あるいは直面する戦争に勝つための手段として気象改変装置にかなり依存しているのです。

しかもアメリカはすでに現実には、格好の隠れ蓑として自然改変装置を使って世界各地に災害をもたらしているのではないかと指摘されています。

また、アメリカでは国内でハリケーンによる大きな被害が出ていることに、いろいろな裏の話もあるのです。たとえば２０２４年11月の大統領選では、アメリカ南東部のジョージア州やノースカロライナ州などが民主党と共和党の激戦州でした。２ヵ月前の9月にはヘレーナという大型ハリケーンがフロリダを通って主にその南東部を襲っています。大統領選の激戦州にハリケーンが集中的に襲来したわけです。

どうしてそうなったのでしょうか。これについては、トランプ候補の支持者が投票所に足を運べないようにしたのだという穿《うが》った見方をする人がいます。すなわち、ハリケーンにより大きな被害を出すことで共和党のトランプ候補を支持する人たちから投票に行く物理的手段と時間的余裕を奪えば、民主党のハリス候補が有利になるというのです。民主党

過去55年間で最悪のハリケーン「ヘレナ」で160人が死亡

支持者は事前に郵便投票を済ませた割合が共和党支持者よりも高かったのでした。

以上のような見方をすると、ヘレーナは気象改変装置によってコントロールされたという可能性を否定できません。では誰が仕掛けたのか。大統領選はアメリカ国内で行われるイベントですから、アメリカ政府が仕掛けたというのは不自然でしょう。

とすれば、政治に代わって軍事産業が操るディープステートのような闇の勢力が民主党候補を有利にするために仕掛けたということが考えられます。やはり「自然災害をもたらす兵器なんかありえない」と誰もが思っているところに付け込む作戦です。

もっとも今回の大統領選では、ジョージア州やノースカロライナ州など7つの激戦州はすべて共和党のトランプ候補が制しました。気象改変装置を使ったとしても結果は伴わなかったことにはなります。

2025年に本格的な自然改変装置が完成する

今や自然現象を隠れ蓑にして相手の国の経済にダメージを与える方法を極秘裏に研究し、実験を重ねている国はいくつもあります。相手国の農業、産業を破壊、壊滅に追いやることによって自分たちの支配を確実なものにしようと目論《もくろ》んでいるのです。

しかも、ここまで述べてきたようにすでに自然改変装置は何度も使われてきた形跡があります。けれども、それらはまだ不完全であって完成したとまでは言えないものでした。その点、まさに2025年は本格的な自然改変装置が完成する年として認識されているのです。これによって当然、自然災害という体裁を取り繕いながら戦争を非常に有利に展開できることになります。

人類の歴史は戦争、対立、不信の連続です。けれども、それらは新しい技術によって乗り越えられるという考えを支配者たちは持っています。彼らは新しい技術でどれだけ多くの人々が犠牲になってもどれだけ大きな被害が起きても、実行することを躊躇《ちゅうちょ》しません。

敵を潰さなければ自分たちの天下は守れないと思っているからです。

それは国際社会における平和共存とは正反対の考え方でもあります。これに対してノストラダムスは「人間という存在は欲深いから、自分たちの権力を獲得し拡大するためには、あらゆる破壊的な手段にも手を伸ばす可能性がある」と予言し、現代を生きるわれわれに警鐘を鳴らしてくれているのです。

技術力を駆使した軍事力で自分たちにとって都合のいいように自然を変えていく。そういうことをやり続ければ、大きなしっぺ返しとしての巨大災害に人類は飲み込まれてしまうことも十分あり得るでしょう。そのことを肝に銘じておかなければなりません。

3年前に、中国が気象観測の風船をアメリカの上空に多数飛来させたことがありました。それにはいろいろな観測装置が積んであったようです。アメリカは、米軍基地を上空から意図的に探索するために違いないと結論付けて素早く撃ち落としました。これは見方を変えれば、それだけ隠したいものがアメリカにはあるということかもしれません。自分たちがやっているから相手もやっているはずだという疑心暗鬼が生じているのです。

世界中でたびたび地震や津波、大洪水が発生し、一方で旱魃、飢饉が起きて自然界は大きく揺れ動きます。

これについて自然界からのわれわれに対する警告のメッセージと受け止めるのか、あるいは背後で気象改変装置が使われていると疑うのか。どちらの立場を取るかによって世界を見る目は変わってくるのです。

第4章

予言3

世界的な指導者の相次ぐ逝去

「偉大な数字の7の付く年、暗殺のゲームが始まる。墓場からゾンビが蘇り、歴史が大転換を迎える」

なぜ暗殺が起こるのか？

反対勢力によるプーチン大統領暗殺の動き

第3の予言は「世界的な指導者の相次ぐ逝去」です。ノストラダムスは「2025年が世界の指導体制が大きく変わる年」と位置付け、**「25人の世界的な指導者が想定外の死を迎える」**と予言しています。

その結果、「主要な国の政府も国際的な組織も機能不全に陥る」と言うのです。ローマ法王もイギリスのチャールズ国王も老齢化するなかで、経験豊富な賢人リーダーの不在が心配になります。

また、ノストラダムスは**「偉大な数字の7の付く年、暗殺のゲームが始まる。墓場からゾンビが蘇り、歴史が大転換を迎える」**とも予言しています。これは世界の多くの指導者が暗殺の危機に直面するということです。

指導者の逝去の場合、衝撃と影響がもっとも大きいのがやはり暗殺でしょう。目下、世界の指導者で暗殺の危機に直面しているのはトランプ大統領、プーチン大統領、習近平主席、金正恩総書記など枚挙に暇《いとま》がありません。

さらにノストラダムスはロシアとプーチン大統領について、「ロシアが危機に直面する。場合によっては2025年に反対する勢力がプーチン大統領を暗殺し、権力の座から引きずり下ろすことがあり得る」とも記しています。ウクライナ戦争の現状を見ていると、世界を敵にしているロシアは思わぬ危機的状況に陥ると解釈できます。そのうえでウクライナ戦争を長期化させるプーチン大統領を取り除く暗殺が起こり得る、と読めるのです。

当然、プーチン大統領はノストラダムスの予言を警告としてもっとも真剣に受け止めて警戒心を高め、対策を講じています。ロシアは欧米諸国から制裁を受けているとはいえ、ロシアは世界最大の資源国の1つです。豊富な石油、天然ガス、地下資源などを武器にしてインドを味方に付け、中国との同盟も強化しています。北朝鮮と軍事同盟を締結しイランとも連携を深めているわけです。加えて、ロシアに関心を持っている国々といかに深い親交を結ぶかも模索しています。その点ではロシアは経済制裁を受けていてもアメリカより強い立場を維持していると言えるでしょう。

ノストラダムスがプーチン大統領暗殺の可能性を示唆している以上、2025年はロシアの動きから目が離せません。

なお、「暗殺のゲームが始まる」という予言では、イスラエルのネタニヤフ首相についても暗殺される可能性がほのめかされています。彼は権力を絶対に維持するという個人の政治的な思惑から、ガザ危機での戦闘はどんな犠牲を払ってでも完遂しなければならないと決意しています。それだけに彼が暗殺されるようなことがあれば、中東の情勢が大きく変わるのは間違いありません。

アメリカの情報当局は他国の暗殺情報に詳しい

アメリカの情報当局はかつて、イランがトランプ大統領を暗殺するために搭乗予定の飛行機を地対空ミサイルで撃ち落とす動きがあるという情報を把握しました。暗殺の準備のためにイランは3つの秘密部隊をアメリカに潜入させているという情報も得たのでした。これらの情報をアメリカの情報当局から伝えられたトランプ大統領は搭乗予定の飛行機を変更して難を逃れたとされています。

イランとしてはイスラエルとの間で戦争が始まることを想定しており、アメリカが応援するイスラエルの力を弱めたいのです。トランプ大統領の暗殺には、アメリカのイスラエル支援の意思を挫くという目的があったと思われます。

これまでアメリカこそ、さまざまな形で国際的な謀略を画策してきました。それで他国のテロ情報や要人殺害情報の入手にも非常に長《た》けているのです。

アメリカは国民に対して秘密のうちにキューバやチリの政権の転覆を図り、ベトナム戦争、アフガニスタン戦争、イラク戦争などを引き起こしました。これらは犯罪行為です。第2次世界大戦以降、アメリカは世界中で犯罪行為を繰り返してきました。しかも、それらの犯罪行為の真相が明らかになってしまう恐ろしさを覚えたときには、たとえ自国の大統領の命でも奪うことがあります。アメリカという国に付いて回る暗殺のきな臭い動きは止まることがなさそうです。

グローバルサウスの国々はそんなアメリカの暗部を調べていて、すでに内部告発の準備も進めています。日本にはアメリカの内部情報に踏み込もうとする動きはありません。逆に日本の政財界トップのスキャンダルネタを全部アメリカに握られてしまっているという情けない状況です。

暗殺防止に必要な政府による国民の情報管理

アメリカでは大統領の暗殺事件や暗殺未遂事件が繰り返し起こっています。暗殺されたのはリンカーン大統領、ガーフィールド大統領、マッキンリー大統領、ジョン・F・ケネディ大統領の4人です。ケネディ大統領の弟のロバート・ケネディ氏も大統領候補だったときに暗殺されました。

トランプ候補も2024年のアメリカ大統領選の最中に何度も暗殺未遂に遭っています。これは本当に狙撃犯がトランプ大統領を狙ったのか、あるいはトランプ陣営が彼の支持率を高めるために意図的にそういう暗殺劇を演出したのか。いろいろな見方が流布《るふ》されたものです。

トランプ大統領を狙った2回目の暗殺未遂犯は、イラン政策を次のように批判する自費出版本を書いていました。「ウクライナをちゃんと助けなければロシアが世界を好き勝手にしてしまう。そこにイランも加わっている。この状況を変えようとしないトランプは死に値する」

彼はウクライナに出かけて行って義勇兵を集める活動にも従事しました。「自分がもしトランプの暗殺に失敗した場合には、自分の意思を継いでトランプをうまく殺してくれた人間に成功報酬として15万ドルを提供する」などとも書き残しています。

警察が彼を逮捕してその銀行口座を調べたところ、残高はわずか68ドルしかありませんでした。そんな金欠状態の男がウクライナまで出かけて行って義勇兵を集めたり、自費出版を行ったり、15万ドルを出すと約束をしたりしていたのです。誰がそんなお金を提供したのでしょうか。

また、彼はトランプ大統領の行動予定表を全部持っていました。一般の人間に、トランプ大統領がいつどこで演説をするのか、どこのゴルフ場でプレーをするのかなどといった情報が手に入るわけがありません。とすると、大統領の警備が専門のシークレットサービスのなかに「トランプ大統領を抹殺しないとまずい」と考えている人間がいたと考えるのが自然ではないでしょうか。

なぜアメリカで暗殺事件、暗殺未遂が次々と繰り返されるかと言えば、1つはやはり、ある種の支配階層または大衆を操るメディアにとって非常に美味しい話だからです。

もう1つには、分断化しているアメリカ社会で自分の納得できる生活が送れない人間が国のトップやトップを目指す人たちの暗殺を試みるのだという説があります。

いずれにせよ、国の指導者が暗殺されると混乱状態が起きてしまい、社会全体がおかしな方向に行ってしまう恐れが高まるのです。だから、混乱状況が起こるのを予防するために政府は、犯罪者がネットでどんな検索をしているのか、どんなことに関心を持っているのか、どういう方法で武器を調達しているのかなどをしっかりと把握しなければなりません。できないと、暗殺事件が発生しやすくなってしまいます。

では、しっかりと把握するにはどうすればいいのでしょうか。それには、できるだけ多くの国民について思考回路や行動パターンの個人情報を政府が管理していくということです。すでに欧米では、そういう国民に対する管理政策を提唱している集団が勢力を拡大させてきています。

ケネディ暗殺事件の真実

疑問が拭えないオズワルド単独犯人説

世界中に非常に大きな衝撃を与えたケネディ大統領の暗殺について考えてみましょう。

１９６３年11月22日午後12時30分、ケネディ大統領はテキサス州ダラス市内を車でパレード中に銃撃され死亡しました。約１時間後に犯人として逮捕されたのがリー・ハーヴェイ・オズワルドでした。

暗殺される前のケネディ大統領は「アメリカはドルをどんどん刷り続けている。こういうやり方を変えなければいけない」と主張し、「ＣＩＡを解散させなければいけない」とも公然と語っていました。だから、それに危機感を抱いたＣＩＡの上層部が暗殺を指示した可能性もあります。

ケネディ大統領の暗殺はオズワルドの単独犯とされました。けれども、オズワルドという男はもともとアメリカの資本主義に失望し、社会主義に救いを求めて当時のソ連に渡った人間です。向こうでロシアの女性と恋に落ちて結婚し子供もできて、アメリカに戻ってきました。そんな男がダラスの教科書倉庫6階から車でパレードしているケネディ大統領を銃で狙ったというのです。

けれども彼はそこにはバイトで勤めていただけであって、事件が起こったときに教科書倉庫の経営者と一緒に話をしていたという証言も残っています。とすれば、その経営者もオズワルドも、大統領がすぐそばで暗殺されたことは一切知らなかったわけです。この不都合な事実はケネディ大統領暗殺に関する調査報告書（『ウォーレン・レポート』）にしっかり記載してあります。しかしなぜか全部封印されてしまいました。

犯人のでっち上げによって真犯人は隠された

オズワルドのロシア人の妻は今83歳で、「自分の夫のオズワルドは絶対そんなことをできる人ではありません。大統領を暗殺するようなことは絶対にあり得ないことです」と言って、亡くなった夫を擁護しています。

だからオズワルドは犯人ではないとして、アメリカの影の勢力が不都合なケネディ大統領を暗殺し、犯人にオズワルドというまったく別の人間をでっち上げたという「犯人でっち上げ説」があるのです。しかもオズワルドは逮捕後2日目、収監されていた警察署から移送される途中で撃たれて殺されてしまいました。これがオズワルドに真実を語らせないようにするためだとすると、犯人でっち上げ説の信憑性《しんぴょうせい》はさらに高まるでしょう。真犯人は別にいることになります。

また、実はオズワルドはソ連とアメリカの二重スパイでした。ロシアの内情をよく知っているというのでCIAから雇われたのでした。

一方、オズワルドは以前から、ケネディ大統領の弟のロバート・ケネディ司法長官に「兄が暗殺の危機に直面している。CIAも内部で兄を疎《うと》んじている。兄を狙っているCIAの動きを知りたいので、内部情報を探って、そういう連中を調べてくれ」と頼まれていました。

だからオズワルドはダラスの暗殺事件が起こる4週間ほど前に、シカゴでケネディ大統領がCIAによって狙われているという情報をつかんで、それをケネディ司法長官に伝えたのです。お陰でケネディ大統領はその難を逃れることができたわけで、オズワルドは命の恩人として当然ながらケネディ・ファミリーから非常に信頼されました。

しかしオズワルドは自分の命が何者かに狙われていることに気がつきました。だから、「私は無実です。自分の命が危ないから、大統領の特命で自分を安全な場所に匿《かくま》ってください」とケネディ司法長官に電話したのでした。けれども匿われる前に暗殺事件が起こってしまい、オズワルドは逮捕されました。その2日後、別の場所に移送されるときに警察署内で殺されてしまい、まさに「死人に口なし」となったのです。

報告書の全文公開で露《あら》わになるアメリカの暗部

トランプ大統領は1期目の選挙のときも「自分が大統領になれば、ケネディ暗殺の極秘ファイルをすべて公《おおやけ》にする」という公約を掲げました。実際にそれをやろうとしたところ、ポンペオ国務長官から「やめてください、大統領。そんなことをすればアメリカが内部から崩壊します。それだけは抑えてください」と懇願されて、トランプ大統領も「泣く泣く情報開示に踏み込むことはしなかった」と諦めざるをえなかったのです。

2024年の大統領選にロバート・ケネディの息子ロバート・ケネディ・ジュニア氏は「大統領になれば、自分の父と叔父の暗殺事件の真相を明らかにする」と宣言して出馬しました。一時20%ぐらいまでの支持を得たものの、その後に失速してしまい、結局、大統領選から脱落してトランプ支持に切り替えることになりました。

そのときロバート・ケネディ・ジュニア氏は「応援しますから、もしホワイトハウスにカムバックできたら、『ウォーレン・レポート』の未公開部分を全部公にしてください」と言い、これに応じたトランプ氏との間で支持の取引が成立したのです。

すでに60年以上の時間が経っているにもかかわらず、なぜ『ウォーレン・レポート』の全文が公にできないのでしょうか。やはり公にするとアメリカという国の暗部が表に出るからとしか考えられません。

未公開部分が本当に公になるのかどうか。トランプ大統領のことだから「そんなこと約束したかな」と無視してしまう恐れはあります。けれども、トランプ大統領にとっても自分の信用問題になってしまうので、少なくとも未公開部分の存在自体は認めざるをえないでしょう。トランプ大統領は就任早々、資料公開を命じる大統領令に署名しました。

そこには隠されてきたアメリカの暗部が記されている可能性が非常に高いのです。公になればどうなるのか。CIAによって暗殺現場の広場周辺に配置された8人のスナイパーがケネディ大統領を銃撃したということが暴露されるに違いないと、筆者は確信しています。

第5章

人口減の予言

食料危機と感染症

「数字が重なる年（2020年）に女王（すなわちコロナ）が東方（中国）から現れ、ペスト（感染症）を夜陰に紛れてまき散らす。7つの丘（イタリア）が最初に襲われるが、埃（死）は夜が明ける前に地上を覆う」（コロナの予言）

国連は機能不全に陥っている

未来サミットは期待をさせただけで終わった

ノストラダムスは500年前に食料危機と感染症がいずれも次々と発生すると予言しています。食料危機と感染症の対策に国際的な機関として取り組んできたのが国連です。2015年に2030年までに貧困を撲滅して持続可能な未来を追求するという「2030アジェンダ」を採択しました。このなかで掲げられたのが、貧困と飢餓の撲滅、健康的な生活の実現、気候変動への対応、教育機会の提供など17のゴールを持つ「SDGs（持続可能な開発目標）」です。これで国連は食料危機と感染症の対策にも積極的に向き合っていくはずでした。

ところが、今や国連に対して、機能不全に陥っているという批判が沸き起こっています。国連はもともと世界の平和と安全を維持するために創設されました。にもかかわらず、この本来の目的をまったく達成することができていません。すなわち、国連の安全保障理事会は欧米とロシア・中国との対立を克服できず、総会でもウクライナ戦争やガザ危機における虐殺に対して、一致して非難や停戦要求の決議を発することができないからです。世界の平和と安全がないがしろにされているのに「2030アジェンダ」の達成などとても無理ではないか、もはや人類が直面している多種多様な課題を解決する能力がないとむしろ国連への不満がどんどん膨れ上がってきているのです。

そうしたなか、2024年9月にニューヨークの国連本部で未来サミットが開催されました。国連自身も機能不全に陥っている状況に対して忸怩《じくじ》たる思いがあるのでしょう。未来サミットは、これからの世界の平和と繁栄を考え、もう1度原点に戻って国際機関のあり方を考え直そうという狙いで開かれたのです。日本からも当時の岸田首相も馳せ参じて国際的な舞台でスピーチを行いました。

しかしこの未来サミットも残念ながら、「未来をどう築いていくのかについて前向きな議論が行われるかもしれない」という期待だけを抱かせるところで終わってしまいました。

それに、国連は「これからの人類はどういう方向を目指すべきか」という議論がさまざまな観点から行われてはいるものの、加盟国の大半は「とてもじゃないけど、そんな理想社会を実現するための資金的、人的余裕がない」という現状に置かれています。この加盟国の問題も国連の足を強く引っ張っています。

世界でうごめいている200近い国々の大半が加わる国連でも当然、現実の運営上の資金が欠かせません。資金となる分担金を払えない国々が圧倒的に多くなっています。
というわけで、食料危機と感染症にも効果的な対策を打ちさせないのが現在の国連なのです。

国連の看板を利用する世界経済フォーラム

機能不全に陥っているとはいえ、国連という看板にはまだそれなりに一定の力がありま す。だから、その看板を自分たちの都合のいいようにうまく使おうという勢力も存在するのです。なかでも特に有力なのが、今どんどん力を付けてきている「世界経済フォーラム」でしょう。

これは機械工学者のクラウス・シュワブ氏が1971年に非営利財団として設立した官民の連携を推進する国際機関です。トップである会長は今もシュワブ氏で、スイスのジュネーブに本部を置き、アメリカのニューヨーク、サンフランシスコ、中国の北京、日本の東京にオフィスがあります。

世界の主要なCEO（最高経営責任者）、国家の指導者、政治家、専門家、学者、国際機関、技術革新者、市民社会の代表者などが連携するための公平な場を提供するとし、スイスのダボス・クロスタースで開催される年次総会、いわゆる「ダボス会議」では1年の始まりに世界の政治・経済などに関する主要な議題を取り上げています。

国連の看板を利用するために世界経済フォーラムが国連との間で結んだのが、自力で資金繰りできない国連に資金を提供し、2030年アジェンダを達成するために共同で働いていくという内容の契約です。

世界経済フォーラムでは従来、デジタルID、ワクチン接種パスポートなど数多くの個人情報をAIによって管理して第4次産業革命を猛烈な勢いで進めようとしてきました。第4次産業革命とは、下手をすると世界的な金融危機や第3次世界大戦が起こりかねない現状を憂いながらも、それを克服する最強の武器がAI、デジタル技術であるという認識の下に構想されたものです。

けれども、その構想に対しては懐疑的な見方をする人も多く、これまでなかなか思うように進んできませんでした。だからこそ世界経済フォーラムとしては「それなら誰もが反対できない国連の名を使おう。国連は機能不全に陥っているけれども、まだ昔の名前で出ていますという宣伝力はある。国連をうまく使って自分たちに好都合なAI、デジタル社会をつくっていこう」と画策するようになったと思われるのです。実際、それが徐々に明らかになってきています。

つまり、大きな看板を掲げながらも実際は財政が火の車状態になってしまった国連を国際的な多国籍企業の集まりであるダボス会議がまさに乗っ取ろうとしている状況だと言えるのです。

したがって国連との契約は、もう少し噛み砕いて言うと、ノストラダムスの予言をうまく利用し新しい国際的な金融機関としてのコンサル業務を多方面にわたって行っていくためのものだと考えられます。

税金逃れ目的が常に疑われているゲイツ財団

同様に国連をうまく使っているのが、マイクロソフトの創業者ビル・ゲイツ氏と妻のメリンダ・フレンチ・ゲイツ氏が２０００年に設立したゲイツ財団（ビル・アンド・メリンダ・ゲイツ財団）です。ワシントン州シアトルを拠点とする世界最大の慈善財団で、資金を提供して開発途上国やアメリカにおける健康、食料、教育などの課題に取り組んできました。設立以来25年間で約７８０億ドル（約12兆円）の資金を拠出しており、拠出先には国連の専門機関の世界保健機関（ＷＨＯ）も含まれています。

ゲイツ氏とメリンダ夫人は27年間連れ添ってきました。しかし２０２１年に離婚を発表したことで大きな波紋が巻き起こりました。というのは、財産の分与がどうなるのかが非常に注目されたからです。

２０１９年にアマゾンの創業社長にして世界的な資産家ジェフ・ベゾス氏がマッケンジー夫人と離婚した際には３６０億ドルが夫人に支払われました。その結果、ベゾス氏の慈善財団の資金が減ってしまい、財団の活動に大きな影響が及ぶことになったのです。メリンダ夫人への財産分与も金額によってはゲイツ財団からの資金援助を当てにしている団体には厳しい事態になると想定されました。今のところは財団運営にはあまり大きな影響は出ていないようです。

もともとゲイツ財団が設立された目的は、表向きには慈善活動の資金提供を謳《うた》いながらもかつて世界ナンバーワンの資産家だったゲイツ氏が税金の支払いを回避することだったと言われています。それで今でも常にゲイツ財団には「実際には税金逃れのための団体ではないか」という批判が付きまとっているわけです。

メリンダ夫人は２０２４年5月にゲイツ財団の共同議長から退任しました。それとともにゲイツ氏との離婚時の合意としてメリンダ夫人は自分の慈善活動のために１２５億ドルを追加で受け取ることになりました。これがゲイツ財団の今後の活動に影響を与える可能性はあるかもしれません。

戦争以外に早急に人口を減らせる方法とは？

現在の世界の人口は約82億人です。しかし欧米のエリート層のなかには、「世界の人口は多すぎる。人類が持続的に快適に生き延びていくためには早急に人口を10億人以下に減らさなくてはならない」と考えている人たちがいるのです。それに、優生論者の間でも世界的な人口爆発を早急に抑える必要があるという認識で一致しています。

優生論者に言わせると、「世界の人口が今や80億人に達し、このまま行くと100億人になりかねない。そういう状況になれば、食料、資源もどんどん奪い合いになってしまう。これを抑えるには人口を削減するのが最高の政策だ」となります。

世界の人口は30億人ほどが理想ではないかと多くの未来学者は考えていますが、すでに100億人に迫ろうとしているのですから、あながち空論ではありません。

では、人口を急速に減らすにはどうすればいいか。真っ先に上がるのが戦争でしょう。実際、ウクライナ戦争やガザ危機では多くの人が亡くなっています。しかし、いくら人口を減らしたいと思っていても、あからさまに戦争をしろとは言えません。できるのはせいぜい、表向きには戦争はよくないという立場でメディア等を使って戦争につながる対立を煽るようなことです。

そこで戦争以外に人口を減らす一番いい方法は何かと言うと、食料危機と感染症ということになります。もちろん食料危機も感染症もそれらの拡大を主張するようなことは言えません。だから、人口を削減したいと思っている勢力は、食料危機や感染症を密かにうまく利用して人口削減につなげようとしているのです。

実は人口削減に非常に熱心なのが世界経済フォーラムとゲイツ氏にほかなりません。

まず世界経済フォーラムは科学技術の進歩を称賛するとともに人口を厳格に抑制する方針を持っています。それで欧米の主要なメディア、シンクタンク、オピニオンリーダー、インフルエンサーなどをお金の力で突き動かして食料危機や感染症を促すような状況を推進しているのです。お金で世界の論調を自分たちの望むような方向に切り替えることができると信じているのでしょう。

また、会長のシュワブ氏は、自分が世界政府総裁に就任したときに世界の人口が10億人を超えているのでは統治がやりにくいから10億人以下にまで人口を削減したいと考えているようなのです。

次にゲイツ氏は、父親のビル・ゲイツ・シニアが家族計画の活動家だったことを誇りにしていますし、両親ともに筋金入りの人口削減論者でした。しかもゲイツ氏は、人口を大幅に削減しないと貧乏人を世界からなくすことはできないと固く信じているのです。その根底には、貧しい家庭に生まれる子供は不幸だという信念があるため、「貧乏人をこの世から抹消すれば貧困が根絶できる」という本末転倒のおぞましい考え方があります。彼にとって人口削減は正義の旗以外の何物でもないのです。

話題となった離婚劇はメリンダ夫人のほうから離婚を申し出たと言われています。ゲイツ氏の人口削減主義に反旗を翻しての決断だったに違いありません。メリンダ夫人の母親はそのことを知ってゲイツ氏との結婚に猛反対していたとのことです。メリンダ夫人は離婚でようやく母親の忠告に従ったということになります。

ともあれ、世界経済フォーラムもゲイツ氏も、人間の行動そのものを徹底的に監視したうえで自分たちが求めるような方向に人々を動かして最終的には人口を地球上から減らしていく、それを目標に掲げているのです。

食料危機と感染症による人口削減

化学肥料の全廃や人工肉を食べることの奨励

食料危機は地球の人口を大幅に削減すべきだと思っているエリート層から支持されています。しかし一般人が食料削減を嫌っているのは言うまでもありません。

食料危機と言えば、１００歳まで現役で活躍したヘンリー・キッシンジャー博士を思い出します。彼は「自分たちが狙った特定の相手国をコントロールしようと思えば、石油を握ることだ」と述べていました。さらに、「世界中の人々を自分たちが自由にコントロールしようと思うなら食料を抑えなければならない」とも付言していたのです。

アメリカは以前からこのような考え方を国家戦略に位置付け、今でも維持しています。シュワブ氏も明らかに世界的な食料のコントロールを画策しているようです。

そのために効果が高いのが、化学肥料の全廃でしょう。２０１９年10月にＥＵ諸国が出した『窒素評価に関する報告書』には「窒素酸化物、アンモニア、硝酸塩などの窒素化合物は生物多様性を損ない、環境を破壊し、人体の健康を損なう公害物質なので、窒素の発生を抑制すべきだ」と記してあります。

この窒素に加え、リン酸、カリは化学肥料の3大要素です。それらを全廃して下肥、堆《たい》肥《ひ》、魚かす、灰、腐食植物などの有機肥料だけで農業を維持せよと主張する人たちもいます。けれども、化学肥料のお陰で大量に食料が生産できるようになり、地球で人口が急増しても餓死する人たちが減っていきました。逆に言えば、地球の人口が増えたのは化学肥料を量産できるようになったからです。

ところが、化学肥料を全廃すると食料生産が急減し、餓死者がどんどん増えていくのは目に見えています。しかし人口削減を主張するエリートたちはそれでこそ人口が確実に削減できると思っているのです。

一方、ゲイツ財団が出資しているスーパーマーケットでは人造肉が販売されています。ゲイツ氏は「人類はこれから、自分たちが育てた牛、豚、鶏の肉を食べずに、実験室で培養した人造肉を食べるべきだ」と力説しています。この意見を支持するエリートも少なくありません。

化学肥料の全廃や人工肉を食べることの奨励は人間の生活実感に反しています。そんなことをすると生き延びていけないからです。しかし裏を返すと、化学肥料の全廃や人工肉を食べることの奨励には、そうしないと人口が削減できないというエリート層の危機意識があります。

感染症を防止するはずのワクチンが人命を奪う

感染症も食料危機と同様に人口削減と結び付いています。人類の歴史上、新しい感染症によって亡くなる人が多いのは言うまでもありません。ところが今日、感染症の予防や拡大防止が目的であるはずのワクチン接種が副作用を招き、それで亡くなるケースが増えてきているのです。

ゲイツ夫妻はアフリカやインドへ旅行した際に現地の貧しい医療体制に心を痛め、ポリオなど感染症の予防や治療に資金援助することを決意したとされています。それで新たに開発した感染症の予防ワクチンを提供してアフリカやインドなどで接種する活動を始めたのでした。

このときの問題は、そのワクチンの接種による副作用が深刻化したにもかかわらず、世界保健機関の個人では最大のスポンサーのゲイツ氏が、大手製薬メーカーの開発したそのワクチンの接種を止めようとしなかったことです。結果的にインドやアフリカのチャドで多くの子供たちが死亡したり後遺症に苦しんだりすることになってしまいました。

驚いたインド政府やアフリカ諸国の政府は遅まきながら、ゲイツ財団が提供したワクチンの接種を禁止する決定を下して被害に遭った子供たちの親に見舞金を支払ったと言われています。

そのゲイツ氏は2010年、アメリカの首都ワシントンで開催された「健康サミット」において「新生児全員にワクチン接種の記録が残るワイヤレス・チップを埋め込む計画」を発表しました。同時に、これに必要な技術を開発させるためにマサチューセッツ工科大学（MIT）に資金を提供することも明らかにしました。これは後に世界を揺るがす新型コロナウィルスの蔓延を予見していたかのような動きです。

なお、ずっと以前からゲイツ財団が開発資金を投入したワクチンには、女性が妊娠できなくなる成分が入っているのではないかと疑われてきました。同様にゲイツ財団の資金で開発されたコロナワクチンにも男性の精子数を減らしたり精子の運動性を弱めたりする成分が含まれているのではないかという疑惑もあるのです。

製薬メーカーがボロ儲けできる感染症の拡大

ノストラダムスは新型コロナの世界的大流行について、次のような予言を遺していました。

「数字が重なる年（2020年）に女王（すなわちコロナ）が東方（中国）から現れ、ペスト（感染症）を夜陰に紛れてまき散らす。7つの丘（イタリア）が最初に襲われるが、埃（死）は夜が明ける前に地上を覆う。世界は混沌と破壊に飲み込まれ、経済は未曾有の終焉を迎える」

そして彼は、感染症を防ぐためには1人ひとりが「食生活に留意すること」や「清潔な生活習慣に徹すること」を勧めています。すでに述べたように彼自身、自然由来のパワーを活用して病気を予防し治療にも役立てる方法を実践してきました。それは一種の漢方のようなもので、バラのハーブなどの植栽を自分なりに創意工夫を重ね調合し、多くの人々の命を救ったと伝えられています。

けれども今、彼の行動とはまったく相反するような動きが出てきました。すなわち、ダボス会議などが「感染症を防ぐために人間の行動そのものを24時間監視するとともに、きちんとワクチンを接種しているかどうかを確認できるように全員にワクチン接種パスポートを持たせなければならない」と主張していることです。

世界経済フォーラムが多くの製薬メーカーやそれに付随する医療関係機関と連携して国連の「アジェンダ2030」を推進しているのも、その主張を実現していくためにほかなりません。

テレビのコマーシャルを見ていても、がん保険や新しい治療薬がどんどんＰＲされていて、結局、最終的にはそういう保険会社や医薬品メーカーが儲かるという仕組みになっています。感染症もそうです。感染症がどんどん広がることによってワクチン製造と販売で大儲けをしています。そういう一部の特権階級、一部の多国籍企業にとってはおいしい話なのです。

ノストラダムスは「今世紀の２０２５年から２、３年の間にがんなどの難病を完治できるような新しい薬や治療のための技術がどんどん進化するので、心配しなくても大丈夫だ」と安心できるような詩も残しています。ところが、こちらのほうはあまり取り上げられません。

日本でも新たなコロナ対策として２０２４年秋から高齢者を主な対象に新型のワクチン接種が始まりました。このワクチンはアメリカの製薬メーカーから特許情報を譲ってもらって日本の製薬メーカーが製造販売するというものです。そのワクチンの製薬メーカーは空前の大きな利益を上げています。結局、相変わらず美味しい汁を独占しているのは製薬メーカーという構図は変わっていません。

言い換えれば、感染症に対するノストラダムスの警告を逆手にとってうまくビジネスに結び付けているのが今の日本と世界の製薬メーカーなのです。

また、そのワクチンは本当に動物実験や人体での治験を通じて安全性が確認されているのでしょうか。いわば巨大な人体実験の可能性もあるのです。現実には「安全性が確認されていない」と内部告発する専門家も次々に警告の声を上げています。しかし、その警告は「偽情報」と見なされて陰謀論扱いされるケースが多いばかりか、ユーチューブなどで警告の情報を流すことも厚労省は禁止しているようです。

そのような状況なので、われわれ1人ひとりの生命に関わることですから、消費者としてというよりも人間として自分自身の五感をもっと研《と》ぎ澄ませて、疑わしいワクチンなら拒絶しなければなりません。

シンプルライフの提唱者こそ贅沢な生活をする

化学肥料の全廃、人工肉を食べさせること、人間を死に追いやるウイルスワクチンの投与などを積極的に主張するのが人口削減論者です。本当にそんなひどい主張をする人間がいるのでしょうか。ところが、シュワブ氏もゲイツ氏も主張するだけでなく平然とそういうことを実行できる人間なのです。

ところで、世界経済フォーラムでは「物を持ちすぎることで執着心が生まれる。物を守るためにまたお金を費やす。だから一番幸せな生活は家も車も持たないことだ。何も持たない最低限のミニマムライフを国が保証すればいい。豊かさとは物を持つことではなくて物を持たなければいけないという脅迫観念から解放されることである。この発想への転換が幸せにつながる」とも唱えています。

けれども、物を持たないシンプルライフを提唱している当の本人たちはどういう生活を送っているのでしょうか。実はプライベート・ジェットで飛び回って世界中あちこちを訪れ、美味しいものを食べ、贅沢な生活をしているのです。彼らにとってその他大勢の人間は、言ってみれば虫けら同然ということなのかもしれません。

実際、そういう虫けらが多くなると食料危機になってしまいます。だから、「もうじき100億人になるかも分からない世界人口をどんどん減らして、まあ30億ぐらいまで減らさないとダメですね」とも言っているわけです。

したがって、理屈を付けて「物を持たない」ことをもてはやしていることの本当の意味は、「大半の人間には医療も薬も病院も必要ない」ということなのです。それなら自然に人口が減少していくということにもなります。

自分の頭で考えて判断すれば情報操作されない

　われわれは、健康情報に関して大手メディアが国から補助金をもらって垂れ流している真偽のほどが不確実な情報に日々接しています。一方、不確実な情報の危険に対して警鐘を鳴らしている専門家はたくさんいるわけです。しかし、マスコミによって骨抜きにされてしまった一般大衆は次から次へと流れてくる情報に乗っかるだけで精一杯になっています。

　一般大衆の多くが、たとえば国連の未来サミットで話題になっているから「これだ」とか、世界経済フォーラムが力説するから「それしかない」という反応しかできなくなると、結局、１つの方向へと突き動かされていきます。

　となると、大多数の人たちは政府の言いなり、大手メディアの言いなりになってしまいます。そういう人たちが増えるにつれて、自分で情報を取りに行かずに危険な情報であっても鵜呑《うの》みにする人も増えていくわけです。結果的に生死の境目に直面しているのにもかかわらず、それに気づかなくなってしまう人も出てきます。

　人口削減論者に言わせれば、そうやって多くの人が死んで人口調整が図られるということなのかもしれません。ひどい考えです。

一方、まともなことを発言している人たちに対しては、政府や特権階級が攻撃を仕掛けてくる可能性が高くなっています。まっとうな議論を展開しようと考えたり、正しいデータを提示したりしようとしても、「それはフェイクニュースだ」という形で、彼らの信用を貶めるようなことがしばしば行われています。この動きには大手メディアも加担しているのではないでしょうか。

さまざまなメディアやネットワークが進化、発展しており、便利な世の中になっているのは間違いありません。そうしたなかで、われわれ1人ひとりは意識しないままにデジタルの力を活用する巧みな情報操作でコントロールされて一定の世論、一定の行動、一定の商品へと誘導されています。それによって多大な利益を得ている人たちがいるわけです。

つまり、一般大衆の情報を管理することが特権を持ったエリートや組織の常套手段になってしまっている、としか言いようがありません。だからこそノストラダムスは500年も前に今日の状況を見通し、個々人が気をつけることの重要性をアピールするため、「自分の頭でしっかり考えて判断してください」と警告しているのです。

第6章

日本関連の予言

米中印北朝鮮との付き合い

「戦闘と海戦が終わり、赤い敵は恐怖に青ざめるだろう」

中国が台湾有事を起こす可能性

強い豹が戦争を起こして世界が変わるという予言

中国はどんどん力を付けてきました。ノストラダムスの予言でも**「強い豹が現われて世界の力関係を一変させる」**という部分が関心を呼んでいます。豹とは中国のことです。これは、「中国が世界に覇を唱えるような戦争状態を起こすかもしれない」という警告と思われます。

さらに彼は**「戦闘と海戦が終わり、赤い敵は恐怖に青ざめるだろう」**と予言しました。となると、大きく世界を揺るがす赤いシンボルとして中国が南シナ海あたりで暴れまわったり台湾に向けて武力侵攻を仕掛けたりして海戦が起こり、そうしたことが引き金となってアメリカが参戦する大きな戦争を招き、結局、中国が大敗すると解釈できるのです。

中国にも「中国のノストラダムス」と呼ばれている清華大学国際関係研究院の院長を務める閻学通《ヤンシュエトン》さんという国際関係の専門家がいます。アメリカの雑誌「フォーリン・ポリシー」で「世界でもっとも影響力を持つ知識人」に選ばれました。そんな人物ですから当然、ノストラダムスが書き残した予言のなかで中国に注目が集まっていることはよく理解しているし、同時に中国の動きを懸念しているのも間違いありません。

それで閻学通院長は「2025年前半には米中関係が改善するよりも悪化する可能性が高い」と言っています。この米中対立激化の予測は日本としても聞き捨てなりません。やはり下手をすると中国とアメリカは戦争しかねないのです。

現実に台湾有事が取り沙汰されており、台湾が危ないと盛んに言われるようになってきました。それを踏まえて米軍の関係者は「台湾に対する武力侵攻があり得るだろう」と考えています。

だから日本もアメリカも、どうやって中国に対して危険な方向に行くことを躊躇《ちゅうちょ》させられるかが大きな課題です。もちろん中国も米軍からの反撃のリスクがあるのは十分に承知しているはずで、簡単には踏み込めないでしょう。

ただし2025年もウクライナでもガザでも戦争が続いていくと、アメリカも台湾有事に十分な対応は難しい。なぜなら今のアメリカにとってヨーロッパとアジアの2正面となれば大変な負担であり、中東も加えた3正面となると効果的な対応はほぼ不可能ではないかと思われるからです。

では、日本は台湾有事が起こったときにどう出るのか。台湾には、日本が必ず応援に来てくれると考えている人は非常に多くいます。しかし日本の自衛隊がアメリカと一体となって台湾を舞台に中国と戦闘を交えることがあるのかと言うと、それに関しては日本のなかではまだ対応が決まっていません。

自国での犯罪に対処しない中国に対する回避論

台湾海峡は日本や韓国も含めて東アジアとヨーロッパ、中東、アフリカ、東南アジア、南アジアとを結ぶ非常に重要な航路です。日本の立場では、ひとたび台湾有事が起きて戦争状態に突入することになれば、日本が輸入する石油、ＬＮＧ（液化天然ガス）、食料などがストップし、日本から輸出する機械や自動車も立ち往生してしまいます。

台湾海峡はどこの国の船が通ってもいい公海なので、岸田政権末期には日本の護衛艦が初めて台湾海峡を通過しました。中国は東シナ海、南シナ海の９割以上は自国の領海だという一方的な主張を展開しています。これは国際法的にはまったく認められていないのに、やはり中国の軍事力は度し難いものがあるため、東シナ海や南シナ海ではアメリカや日本も相当慎重に動かざるをえないのが現状です。

もし中国が台湾海峡で台湾への軍事行動を起こしたら、中国に対する国際社会の制裁が発動されて中国批判の気運も一気に高まるに違いありません。そのことは中国もよく分かっているでしょう。

中国は経済力を高めると同時に軍事力と技術力を増大させてきました。半面、広大な国土を持ち人口も非常に多いため、国内ではさまざまな問題に直面しています。最近では不動産バブルが弾けて、ひょっとすると中国は内部崩壊するのではないかという悲観的な見方も急速に広がっています。

また、国内の不動産バブルが弾けたことで経済が落ち込み、若者の就職難も深刻になってきました。国民の不平不満がどんどん溜まって、中国共産党に対する抗議活動に火が点くかもしれません。それを嫌う習近平主席は、国民の不平不満を外に向けるために台湾有事を引き起こすこともあり得るでしょう。

いずれにせよ、台湾有事が起こらないようにするためには、まずは中国が今置かれている状況を正しく知るとともに、世界の動きや流れを客観的かつ公平に見て情勢を冷静に判断することが必要です。その点からすると、今のところは中国も戦争に打って出るほどまでは国内経済は落ち込んではないと言えます。

たとえば中国で２０２４年秋に起きた日本人学校に通う10歳の男の子が殺された事件などは、確かにどこでも起こり得るでしょう。それで、この事件の後も中国政府は責任を認めず、「同じような事件はどこでも起こる」と言い逃れし、日本側には「日本人学校の周辺の監視カメラ、監視体制をもっと強化し、安全に万全を期します」と伝えてきただけです。だから、中国は自国で犯罪行為が起こる根本的な原因に向き合おうとしません。

そのため日本社会や欧米社会からは「中国は危ない。何が起きるか分からないので、駐在員は家族を連れて中国から帰国すべきだ」とか、「中国への投資は見直し、ほかのアジア諸国に製造や販売の拠点を移すべきだ」といった中国回避論が出てきました。

もっとも、アメリカとしてはそうやって間接的に「中国封じ込め」ができるというメリットはあります。

付言すると、故安倍元首相は「国際社会の秩序が崩れて複雑化している。日米同盟は重要だが、アメリカが世界の警察官の役割を果たすことはもはや期待できない。ゆえにパワーバランスを計算しつつ各国との関係を強化し国益を追求しなければならない」と述べていました。「北東アジアにおけるパワーバランス」を重視し、「中国の力が増大している。その圧力を正面から受けるなかで日本は中国とのバランスを取る意味でも、ロシアとの関係強化が欠かせない」とも言っていました。

独自の対中、対ロ外交を追求しようと目論んでいたのです。いわゆる「大和《やまと》の国構想」でした。これはアメリカから危険視されることになってしまい、陽の目を見ることなく潰されてしまったのです。間近にそうした悲劇を観察してきた石破茂首相であれば、安倍首相の失敗のテツを踏まないようにしなければなりません。

習近平主席のみが台湾への軍事侵攻を決断する

中国の台頭は、ノストラダムスだけではなくて国際政治の専門家や経済界のリーダーにとっても最大の関心事です。先進国の諜報機関のトップたちも直に話し合って、「もし中国が軍事行動を起こしたなら、われわれにも考えがある」と中国を牽制し続けています。はたして中国は台湾侵攻をどこまで本気でやろうとしているのでしょうか。

対外戦争は、やはり習近平主席が指示を出さない限り起こさないと思われます。それでアメリカもイギリスも中国の最高指導者の一挙手一投足に最大の関心を持ってフォローしているのです。

中国は建国以来、台湾統一を「中国の夢」だとして国内を1つにまとめてきました。イギリスのＭＩ６とアメリカのＣＩＡという諜報機関のトップ同士が２０２４年に中国をテーマに対談をしたとき、72歳になる習近平主席が元気で最高指導者として君臨できるのはおそらく80歳ぐらいまでだろうということで意見が一致しました。逆に言うと1つの見方として、「中国の夢」のために彼は80歳までの残る8年間のうちに台湾統一を果たしたいはずです。

ただし2027年が中国の建国100周年に当たります。だから、むしろ中国とすれば2027年までに台湾統一にメドを付けないとメンツを失うことにもなりかねません。その点からすると、習主席も2027年までの台湾統一に執着していると考えられます。

もちろん台湾統一が平和的手段でなされれば問題はありません。けれども、それが難しい場合には武力の行使も辞さないと中国は公の場で何度も断言していて、実際、中国は特に海軍力を中心にどんどん軍事力を増強しています。しかも、現状の中国は彼の個人独裁ですから、台湾への武力侵攻について周りの人々の思惑は関係ありません。

したがって、習主席という指導者の体力と生命力が政治判断に重大な影響を及ぼすので、CIAなどの最大の任務も彼の健康状態がどうなのかを探ることなのです。CIAは中国に特化した研究センターを内部に立ち上げて彼の健康状態を調べており、彼がどのタイミングでどのような軍事的な行動のゴーサインを出すのかを日夜研究しています。

また、彼は奇妙なことにしばしば表に出てこなくなり、2週間～3週間も行方が分からなくなるときがあるのです。だから、中国の政権中枢の奥の院に食い込んで彼の極秘の健康に関する情報を入手することにCIAは全力を挙げて取り組んでいます。さらに、危険な動きがあったとき、それが軍事行動に至らないようにするためにどういう対応が取れるのかということも探っているのです。

なお、ウクライナやガザで行われている戦争が終結したとしても、地球上には潜在的な対立の可能性を秘めた場所はまだまだたくさんあるので、どこかで戦争が始まる可能性は常にあります。たとえば台湾有事以外でもフィリピン、ベトナム、インドネシアあたりと中国との間で緊張が日に日に高まっているのです。何らかの偶発的な判断ミスあるいは意図的な仕掛け、何らかの事件が起これば、戦争に火が点いてしまい、多くの無辜の民が犠牲になってしまうことになります。

窮地にある北朝鮮への対応

国民の不満による内部崩壊の一歩手前の北朝鮮

北朝鮮の国内では食料や医療品の不足が深刻化し、国民の間での不満が鬱積《うっせき》しています。

そのうえ2023年の年末には平壌発の列車が電力不足で急勾配を登り切れず脱線し、数百人の乗客が命を失いました。2024年1月に行われた金正恩総書記の年頭演説でも、わざわざ「列車の安全運航に万全を期す必要がある」と言及したほどです。もちろん列車事故そのものを認めたわけではありません。国民の間にくすぶり続ける民生軽視・軍事増強への不信感を意識しての発言と思われます。

さらに脱北者の人たちによれば、北朝鮮では大洪水など自然災害の影響で電力不足は言うに及ばず、食料生産が滞り、栄養失調者や餓死者も急増しているのです。なかでも電力の地域間格差は深刻さを増しています。首都の平壌は恵まれていても、それ以外の地方では電力供給は1日数時間といった具合です。元旦でさえ電気が使えたのは6時間以下だったと言われています。工場や病院をはじめ政府の主要機関には優先的に電力が供給されているため、一部の住民は賄賂を払って産業用の配線から個人宅への電気の横流しを受けているようです。

金正恩総書記は「経済改革、特に民生部門の強化」を打ち出し、「わが国の経済状態は非常に憂慮すべきだ。大半の国民が食料や基本的な生活物資を得られるようにしなければならない」と述べました。今のところは掛け声倒れの感が否《いな》めません。

ミサイル発射や地下核実験に成功したとされていても、国民の日常生活を安全で豊かにするという目標は絵空事で終わっています。そのため特に若い世代で「金正恩体制への懐疑心」が急速に広がっているようなのです。

そうした国内の不満分子を一掃しなければ、40歳になったばかりの金王朝3代目の先行きも怪しくなるでしょう。結果的に国民の危機意識を高めるため、「アメリカが後ろ盾となって南をたぶらかし、われらが祖国に攻撃を仕掛けようとしている。今こそ一致団結して南を解放しなければならない」といった「敵を外に見出す」作戦に舵を切ったようにも見えます。

そんななか、「金正恩総書記は10歳の娘を自らの後継者に決めた」という韓国政府の分析が話題を呼んでいます。名前も正確な年齢も確認されていない「ジュエ」なる少女を跡継ぎに決めることなど本当にあるのでしょうか。もっとも、これは北朝鮮の得意とする撹《かく》乱《らん》工作の一環のように思えてなりません。「可愛い娘を大切にする父親が戦争などを引き起こすことはない」という方向に世論を誘導しようとしています。

けれども、頻繁に娘を連れ回していること自体に対する国民の反発もそうとう高まっている模様です。脱北者の人たちも「ブクブク太った娘に世界の高級ブランド品を身に付けさせて美味しいものをたらふく食わせている。私たちは1日1食、食べられるかどうか。こんな生活は我慢できない」と言っています。

また、一部の超エリートの特権階級の間では外国の高級ブランド品がもてはやされており、平壌にある百貨店ではクリスチャン・ディオールやロレックスなど欧米の高級品が所狭しとばかり陳列されているのです。最近、平壌では日本食やイタリアンのレストランも相次いで開店して賑わっているのに、多くの国民はその日の食い扶持《ぶち》にも事欠くようになっています。

金正恩総書記も国民の間に不満が高まっているのはよく理解しているため、被災地にわざわざ出掛けて行っては子供たちに洋服をプレゼントし、被災した人たちを平壌に1万人とか2万人とか受け入れて住宅をあてがうなど、あの手この手の機嫌取りはやっているのです。

しかし脱北者団体の情報によれば、金正恩暗殺の可能性も日増しに強まっている模様です。それはひとえにこれまで述べてきたように、北朝鮮内で深刻化する食料不足や貧富の格差への不満が最大の原因となっています。

キューバの北朝鮮大使館から韓国に亡命した元外交官は「外交官の月給は500ドルだった。これでは家族を養えないので、キューバの葉巻を密売して何とか食料を確保した。本国での庶民の生活ははるかに惨めだ。餓死する国民の数は計りしれない。その一方で特権階級は贅沢三昧《ざんまい》だ。大半の国民は表には出さないが金正恩一家に失望している。金正恩の暗殺を企てている連中もいるはずで、先は長くないだろう」と現状を分析しています。

北朝鮮は内部崩壊の一歩手前かもしれません。

日朝間の交渉には大きなすれ違いが生じている

北朝鮮政府は国民の一挙手一投足を把握するため監視体制を徹底していて、日本人拉致被害者の情報もしっかりと握っているわけです。そんな北朝鮮との対話と融和を主張してきた石破首相は「日本人拉致問題の解決を最優先で取り組む」と語気を強めています。しかし北朝鮮の意図や状況がどこまで分かっているのでしょうか。この期に及んで「平壌と東京に連絡事務所をつくる」といった古色蒼然《そうぜん》とした発言を繰り出しています。心許ない限りです。

岸田前首相は「拉致問題解決のために条件抜きでいつでも金正恩総書記と会う用意がある」と言っていました。政治とカネの問題で支持率の急落に直面し、起死回生のために隠し玉として北京ルートを通じて金正恩総書記との接触を模索したようです。けれども、手の内が北朝鮮にすべて見透かされていました。モンゴルあたりで何回か日朝の実務者協議を行ったのに、残念ながら解決につながるような進展はありませんでした。北朝鮮は交渉相手として岸田政権を見限っていたのです。

石破氏の場合も先の発言に関して北朝鮮からは色よい返事はありません。それどころか、肝心の「北朝鮮による拉致被害者家族連絡会」からも「賛成できない。連絡事務所を設置しても北朝鮮は情報提供を拒んで時間稼ぎを図るだけだ。北朝鮮に騙されないようにしてほしい」と、石破氏の勝手な思い込みに釘を刺しています。

故安倍元首相は北朝鮮による日本人拉致問題の解決のために統一教会との人脈づくりにも精力的に取り組みました。統一教会創始者の文鮮明総裁が北朝鮮の出身であり、金日成王朝とのパイプ役を期待したからです。しかし残念ながら、結果的には安倍元首相に限らず北朝鮮との独自のパイプづくりに動いた日本の政治家はことごとく闇に葬り去られてしまっています。

また、２００４年に北朝鮮が横田めぐみさんの遺骨だと称して日本側に引き渡したものは日本でＤＮＡ鑑定を行った結果、「めぐみさんのものではない」と断定されました。それを受けて、当時の小泉純一郎首相と面談した金正日総書記は最側近の洪善玉《ホンソンオク》氏（最高人民会議副議長）を通じて「拉致を謝罪し、関係者を処罰した。そのうえで、この問題の解決に当たりたい」と次の３点の提案をしてきました。

第１に問題の遺骨に関して再度の分析を日本、北朝鮮、第３国の科学者による合同で行いたい。第２に日本の拉致被害者の家族全員が北朝鮮を訪れ、被害者を一緒に探す。第３

にそれでも被害者の行方が判明しない場合には、北朝鮮が国家賠償を行う。

問題は洪善玉氏を団長とする北朝鮮の交渉団が訪日ビザも取得し、北京から日本へ向かう飛行機に搭乗しようとした際に突然、搭乗が拒否されたことです。理由は「日本の官邸からの指示だった」とのことでした。こうした一連の事情について2019年9月に訪朝した日本の参議院協会（宮崎秀樹会長）の訪問団は北朝鮮から説明を聞いたのでした。

それを受けての宮崎会長のコメントは「北朝鮮は拉致問題で日本にそれなりの誠意を示した。しかし日本はまったく応えず、それどころか訪日し日本政府と交渉しようとした北朝鮮代表団を拒絶した。これでは北朝鮮が交渉断絶を宣言したのも無理もない」というものでした。

対して日本外務省の中枢幹部は「横田めぐみさんの案件についてはまったく知らない」と、いまだにけんもほろろです。日朝間の交渉には大きなすれ違いが生じていることになります。

北朝鮮に対する包囲網構築の好機が到来している

石破首相は1992年に超党派訪朝団の一員として北朝鮮を訪問しました。「北朝鮮は恐ろしい国だ。追い詰めるのは窮鼠《きゅうそ》猫を噛むではないが、危ない」として、「相手が何を考えているのかしっかり理解することが交渉の第1歩となる」と主張するのが、これまでの常でした。

北朝鮮は石破首相本人はもちろん、その周辺にも情報収集の網の目を張り巡らしています。地元鳥取県のパチンコ業界は石破首相への政治献金の大きさで群を抜いています。これも北朝鮮からの指示で動いている可能性は否定できません。要するに平壌に連絡事務所を設置しなくとも日本からの提案を北朝鮮に伝える手段はいくらでもあるのです。

また、日本は朝鮮半島を35年以上支配した歴史があり、その間、資源の豊かな北朝鮮側でその開発に必要なインフラ整備や人材育成に取り組んだのは三菱グループなどの日本企業でした。北朝鮮が継続する地下核実験やミサイル発射に欠かせないレアメタル等の資源に関する情報は、現在でも日本に多く残されています。

さらに言えば、日本統治が終わった後もアメリカ政府の要請を受けた日本の公安組織は水産業支援や環境調査の名目で北朝鮮の核、ミサイル技術の精度を確認するデータの収集に邁進してきました。朝鮮半島周辺の海域や河川から汚染水を回収し、北朝鮮の軍事力の隠された実態を究明しようとしてきたのです。この分野での日米協力は今日まで継続されています。

ところが、日本が独自に入手しアメリカはもちろん北朝鮮もが喉《のど》から手が出るほど欲しがっている朝鮮半島に眠る未開発の資源に関する情報は、いまだに有効に活用されていないのです。拉致問題に限って言えば、日本政府は北朝鮮を非難糾弾するばかりで、相互協力の下で問題解決を図ろうとする姿勢が官邸からも外務省からも感じられません。

そんななか、北朝鮮の金正恩総書記は２０２４年元旦の能登地震へのお見舞い電報を岸田首相宛てに送ってきただけではなく、最近、日本からの帰還朝鮮人の待遇改善を指示しています。北朝鮮からの日本向けのシグナルとも見られるので、その真意を探るべきです。

というのは、このところ北朝鮮内でも前代未聞の事故や災害が頻発している現実があるからです。すでに述べたように、中国との国境に聳《そび》える白頭山では噴火の予兆も観測されています。しかし厳重な情報統制が行われているため、そうしたニュースは外部にはほとんど伝わってきません。代わりに、「ミサイル発射実験に成功した」とか「韓国との統一は反故《ほご》にし、核兵器を使ってでも併合する」といった強硬な発言のみが報道されています。

そもそも金正恩総書記の母親は大阪生まれで１９６２年に北朝鮮に帰還した在日朝鮮系の人間です。日本と北朝鮮の間には歴史的、経済的、人的に多くのパイプが横たわっています。そうした経緯をしっかり押さえたうえで北朝鮮の現状や可能性にも配慮した対応をしなければ、拉致問題の解決も「絵に描いた餅」に終わりかねません。

拉致問題で北朝鮮を動かすには、やはり北朝鮮がもっとも恐れているアメリカの力を活用することが重要です。北朝鮮が経済、軍事の両面で依存を深めているロシアや中国から圧力をかけてもらうことも欠かせません。こうした重層的外交努力のうえで、北朝鮮の弱みである国内の危機的状況を逆手にとって、日本の持つ資源情報や技術支援と引き換えに拉致被害者の全員帰国を実現すべきだと思います。

言い換えれば、アメリカの支援を受け、ロシアや中国の関心に配慮して両国から圧力をかけてもらうことで北朝鮮に対する包囲網を構築する好機が到来しているはずです。

日本は技術協力で金正恩総書記の心を鷲摑みにせよ

北朝鮮も火薬庫に違いなく、この極端な独裁体制の下で日々一番身の危険を感じているのは金正恩総書記本人だと思います。国民が飢餓状態で食料の増産が難しく、水害で住む家を多くの国民がなくしてしまいました。そういう不満と不信の塊《かたまり》の国民から自分に刃《やいば》が降りかかってこないという保証はありません。

それゆえ金正恩総書記は食べるもの飲むものには毒見役を使い、自分の影武者なども何人も配置していると言われています。北朝鮮という国は、追いつめられた挙句に自暴自棄になって暴走するリスクは大きいのです。

今の北朝鮮は、「アメリカがわが国を攻撃しようと目論んでいる。核開発は抑止力として欠かせない」と国民の不平や不満の行き場を外に向けさせるために必死です。隣国のロシアや中国がそんな北朝鮮を危険な方向に行かないようにコントロールできるかは定かではありません。

ところで、おそらく北朝鮮は国内問題から目を逸《そ》らさせるためか、韓国に向けて前代未聞の強硬姿勢も見せ始めています。最近では連日のように多数のゴミ入り風船を飛ばしたことがあり、なかにはGPS付きの風船も確認されました。一部はソウルの日本大使館の入居するビルにも落下したほどです。ゴミに紛れて有害な生物化学兵器が混入されている危険性は無視できません。GPSによって韓国の防衛体制を回避する方法を模索しているのでしょう。

しかも、2024年10月には韓国に通じる道路や鉄道をすべて封鎖してしまいました。憲法も改正し、「韓国を最大の敵国」と位置付けています。と同時に軍部への締め付けも強化する一方です。国境周辺を視察した金正恩総書記の警備が不完全だったとの理由で、国境警備隊の幹部が粛清されたとのニュースもありました。

別の動きとしては、最近、ロシアが北朝鮮に防空システムを供与するなど韓国と北朝鮮の戦争を想定してかなりのテコ入れをしています。北朝鮮が兵士や武器弾薬をウクライナで戦うロシアに提供してくれていることに対する見返りです。

北朝鮮を長年庇護《ひご》してきた中国のほうは韓国敵視政策や破壊的で暴走的な行動に反発し、機会があれば金正恩総書記の首をすげ替えてしまうことを画策しているフシも見え隠れします。

そうしたなかで今の金正恩総書記とすれば、やはりすでに3度も会っているトランプ大統領に大いに期待しているはずです。金正恩総書記は、トランプ大統領が北朝鮮のリゾート開発やカジノ構想にとても関心を持っていることを十二分に理解しているため、「日本と交渉するよりアメリカをうまく手玉に取ろう」という判断に傾いているように思えます。トランプ大統領を利用して国内の危機的な状況を一気に解消することを強く望んでいるかもしれません。

ただしリゾート開発やカジノ構想などを成功させるためには、白頭山噴火の予防対策や万が一の避難体制の確立も必要でしょう。

存在感を増してきたインド

世界のリーダーとして新しく生まれるインド

すでに触れましたが、ノストラダムスは「２０２５年は世界の指導体制が大きく変わる年」と位置付けています。加えて彼は過去の人類の歴史を紐解き、「アメリカと思《おぼ》しき国が超大国として君臨することになる。しかし永遠にそういう地位を確保できるということはあり得ないので、どこかで終焉が見えてくる。そのためにしっかりとした対応が必要だ」としたうえで、**「アメリカ、ロシア、中国がおかしくなったときに新しいリーダーがヨーロッパあるいはアジアから生まれる。貧しい人々の間で生まれ育ったその若い男は強大な軍隊を率いて世界を一変させる」**と予言しています。

その国はアジアなら日本でしょうか、中国あるいはインドでしょうか。もちろん他国の可能性も否定できません。

しかし続けて**「偉大な宗教指導者が新たな知識を発見する。真の未来へと続く道を見出す指導者が生まれるのはその名を冠した大海に面した場所である。彼はキリスト教徒では**

ない。イスラム教徒でもない。ユダヤ教徒でもない。ヒンドゥー教徒のはずで、彼は過去の指導者の誰よりも知的水準が高くすべての人々に愛される」とも付け加えているのです。

ここまで言われれば、その人物が生まれるのはインドだと考えるのが自然でしょう。彼の予言には、明確ではなくても新たな世界のリーダーとしてインドを匂わせているところが多いのです。

だから彼の予言によって今一番、元気をもらっているのはインドのモディ首相に違いありません。日々ヨガを実践し柔軟な肉体と強固な精神力を持ち味とするモディ首相は国連の演説でも「国連は機能不全に陥ってしまっている。従来の安全保障理事国の国々は独善的になっていて、目の前のウクライナやガザなどの非人道的な戦闘でも停戦に向けての合意が得られない。今の国連に代わる新しい国際的な組織をつくったらどうか。それはグローバルサウスが担う責任がある。われわれインドが中心になって立ち上げよう」と主張しました。

インドがアメリカをどう手《て》懐《なず》けるかがこれからの国際情勢を見極めるうえでも大きなポイントになるはずです。モディ首相のお手並み拝見ということになります。

すでに提示したように、グローバルサウスもこれからの世界の大きな流れを決定付けると予想されています。そのインドに代表されるような非同盟外交を追求する国々がどれだけアメリカの暴走に対して歯止めをかけることができるでしょうか。そして国際協調の下、新たな世界秩序を生み出せるでしょうか。

国際問題の解決にインドの力を活用すべきだ

現時点でのアメリカから海外の留学先や海外での就職先を見ると、インドが一番数が多いのに驚かされます。アメリカの若い世代もこれからはインドの時代ということをはっきりと意識している証でしょう。

インドにはアメリカをいい意味で味方に付けようという国の方針があります。目下600万人以上のインド人がアメリカで暮らしていて、彼らは有権者としてもアメリカの政治を左右する影響力を持つようになってきました。

先のアメリカ大統領選のハリス候補は母親がインド人で、トランプ政権の副大統領のバンス氏の妻もインド人です。こういう点からもアメリカにおけるインド人の存在の大きさには無視できないものがあります。

日本としてもインドに対する関心のレーダーを高く掲げるときです。幸い、「クアッド（QUAD）」という日本、アメリカ、オーストラリア、インドの4ヵ国の首脳や外相が安全保障や経済を協議する多国間枠組みがあります。２００６年に安倍元首相が提唱したもので、自由・民主主義・法の支配などの価値観を同じくする４ヵ国が「自由で開かれたインド太平洋」の実現に向けて協力していくことを目的としています。

つまり、この４ヵ国は今、アジア版のＮＡＴＯに移行しようという動きを見せているのです。日本も一緒になってインドの持っている非同盟外交力や経済技術力をもっと国際的な課題の解決に使うべきではないでしょうか。

日本とインドとの関係を考えると、東京裁判でインドのパール判事が日本を擁護して欧米の見解に反旗を翻してくれたことがありました。今でもインドは日本贔屓《びいき》だと思われています。同じアジアのなかでもインド人は、比較的日本に対しては好意的なことは確かです。毎年夏にある「インドの日」に安倍元首相も岸田前首相も現地に行きました。その返礼としてモディ首相も日本に来ています。

日本企業は現在、自動車メーカーのスズキをはじめ２０００社以上も進出しているのです。現地では日本企業で働くインド人も増えています。一方、多くのインド人も日本に来て、特に銀行、証券会社、金融の世界で働いており、とても大きな役割を担っているのです。

インドとの友好関係発展が日本の喫緊《きっきん》の課題

ただしインドにはカースト制が今でも残っており、階層間の差別がいまだ払拭できていません。モディ首相はそういったインドの過去の負の遺産をできるだけ抑え、国民の融和を図りながら、インドの持つ技術、研究開発力を伸ばそうとしています。

アメリカには600万人を超えるインド人が移住しているほか、海外からアメリカに来る留学生で一番多いのもインドなのです。インドは遠大な意図を秘め、国家戦略として世界における存在感を増そうとしているのは間違いありません。

日本では「華僑」「印僑」という言葉があります。アメリカでもオーバーシーズのチャイニーズ、インディアンズが多いのです。それを意図的にインド政府も後押ししています。インドを「未来の大国」と位置付けたノストラダムスの予言は確かに先見性があるものと思えてきます。

言うまでもなく、世界の潮流としては国際政治の分野でのリーダーシップはヨーロッパからアメリカへ、アメリカからアジアへと移りつつあることは明らかです。ノストラダムスによれば、ヨーロッパ、アメリカの次に世界をリードするのはアジアで、その流れを引っ張っていくのはインドということになります。

インドは２０３６年のオリンピックを招致する運動を始めたところです。スポーツの分野ではクリケット以外にインドは多くのメダリストを輩出してきませんでした。今後は経済、技術の分野に限らずスポーツ全般においても世界に挑戦する意気込みを見せていて、世界からも注目を集めています。

日本も単独では生きていけないことは明々白々ですから、今後の国際関係を考えると、やはり軍事力を増強する中国の存在を無視できません。けれども中国に媚《こび》を売る必要はまったくないのであって、中国とは是々非々《ぜぜひひ》できちんと向き合うことが求められます。日本の企業、投資家にとってやはり中国という大きなマーケットは欠かせません。

その中国を動かそうとするためにも、中国の最大の今のライバルであるインドとうまくやっていくことです。人口でも中国を抜いて世界ナンバーワンとなっています。最先端科学技術の分野でもインドは急速に力を付けてきました。日本とすればこのインドとの友好関係の維持・発展が喫緊の課題で、非常に重要なテーマです。アメリカ、中国、ロシアとの関係を考慮してもインドの地政学的な重要性は増すばかりと言っていいでしょう。

別言すると、アメリカ、ロシア、中国はいずれも危機的状況に陥ってきていることは明らかです。日本とすれば、アメリカとの交渉を進めるうえでもＡＳＥＡＮ諸国やグローバルサウスを代表するインドなどの新興国との連携をしっかりと深めていくべきでしょう。

日米関係はどうあるべきか

相変わらずアメリカ一辺倒という姿勢の日本

日本では自分たちで変わろうとする文化や風土が希薄な半面、外圧に敏感で、しかも外圧に弱いというのは歴史が証明しています。核の傘で守ってもらっているという負い目もあって、日本はやはりアメリカの外圧にもっとも弱いのです。

だから残念ながら、日本は相変わらずアメリカ一辺倒という姿勢にもなっています。アメリカのドルをしっかり買い支え、アメリカの赤字国債も世界で一番たくさん保有してきました。これで日本は安泰なのでしょうか。

アメリカはこれまで日本にどのような無理難題を押し付け、日本国民の資産をいかに吸い取ってきたでしょうか。そうした情報をすべて明らかにすれば、多くの国民が「日本らしい進路をもっと自力で進むべきだ」と自覚することになるのではないかと思います。

ただし日本は従来、アメリカからの圧力を極力表に出さない方針でやってきました。130もの米軍基地がある独立国は世界中どこを探してもほかにはありません。同じく戦争に負けたドイツやイタリアにもそんな数の米軍基地は存在しないのです。自国内にあった外国の軍事基地が完全になくなることで独立を達成したと見なすのが、世界の常識と言えます。

また、他国を見れば、自国内の米軍基地にいる米兵が問題を起こしたら処罰する規定があり、自国内で起きた米兵の犯罪には自国で独自に捜査して裁判を行うことができます。けれども、日本にはそんな権限はありません。米軍基地内では治外法権が認められているからです。こうした点を含め対米関係で早急に改善すべき余地が多分にあります。

しかし日本は身近に北朝鮮、ロシア、中国といった潜在的な敵国があって、日本が一国でそれらの国に対応をできるかと言えば、それは難しいだろうとの判断から日米安全保障条約で日本を守ってもらうのが得策と考えてきたのです。

それに日本人は「寄らば、大樹の陰」ということなのか、何か周りと違うようなことを言ったり違う行動に移したりすることに対して抵抗感があります。それゆえ、いつまで経ってもアメリカの言いなりという状況からなかなか抜け出せないのです。

振り返れば、第2次世界大戦で米軍から広島に原爆が1発落されただけで最初の7秒間に10万人以上の命が失われました。アメリカはそういうことを平気で実行する国なのです。背景には「日本人は人種的にも劣っていて、われわれが彼らを殲滅《せんめつ》することは世界の未来のためにはプラスだ」といった優生学的見地からの白人至上主義があったのでしょう。

彼らにとって日本人は虫けら同然だったはずですが、戦後は一変して日本の経済が復興し、ものづくりで世界の檜《ひのき》舞台に台頭してきました。「戦争であれだけコテンパンにやっつけたはずなのに、日本人というのは粘り強くて、アメリカも凌駕するような金融、技術、経済力を付けてきた。生意気なやつだ」と思ったに違いありません。アメリカは日本に対して今もそういう見方を隠し持っているのではないでしょうか。

表向きには日本とアメリカは最大の同盟国関係となっていて、日米安保条約でガッチリ結ばれているように見えます。けれども、アメリカの支配層が本当に日本のことを信用しているかどうかには、やはり常に疑問符が付きまとうのです。アメリカとの関係は大事だとしても、日本が何でもかんでもアメリカの言いなりでやっていれば、おそらく大きなしっぺ返しを受けることになるでしょう。

大げさに言うと、ふたたび「リメンバー・パールハーバーだ」になってしまってもおかしくありません。ノストラダムスも予言しているように、それまでの同盟国が分裂、対立し、戦火を交えることもあり得るのです。

国民を説得する論争のないアメリカの兵器購入

アメリカは日本に対して、「万が一のときに備えてアメリカからもっとたくさんの軍備や装備品を買い整えて抑止力を高めておかないと、台湾があっという間に中国に牛耳られてしまうのと同じことが日本にも起こる」と言い続けてきました。

それを裏付けるように、中国とロシアが合同の軍事演習を日本海で繰り返しています。「日本は、自国を自力で守れるのか」というのが、アメリカが日本に突き付けている課題なのです。

日米安保条約があるにしても、国防の根本はやはり自国は自力で守らなければなりません。けれども現在、自衛隊は定員を満たすことができない状態です。給与を含めて待遇があまり良くないこともあってか、若い人が自衛官になりたがらない状況が続いています。では自衛隊員の不足部分をどうやって補うのかと言うと、ロボットやドローンを使うなどになってしまいます。そういう分野はアメリカのほうが進んでいるため、「アメリカからもっと無人兵器を買いなさい」という要求は加速しているわけです。

さらに、岸田前首相は「日本の防衛予算を5年間で倍にします」と約束しました。アメリカからすると、日本は金を払ってくれる機械、つまりキャッシュディスペンサーです。これまでも困ったときには「核の傘」をちらつかせながら日本に向けて、「もっとアメリカの製品を買え」という要求を繰り返してきました。トランプ大統領に至っては「タダでは同盟国を守らない」と明言しています。

日本としては武器をアメリカから買わざるをえません。お金がなかったら、これはもう増税するしかないわけです。しかし日本では、アメリカからの武器購入について国民を分かりやすく説得できるような政策論争はほとんど行われていません。

石破首相の場合も、典型的な「アメリカの言いなり路線」を歩もうとしています。口では「対米自立」とか「日米地位協定の見直し」などと強気の発言を繰り返してきました。けれども首相になるや君子豹変《ひょうへん》し、それまでの発言を封印してしまいました。そんな優柔不断さを露呈してしまったため、アメリカからは無視同然の扱いを受けてもおかしくはないでしょう。

USスチール買収の阻止に経済合理性はない

最近の日米関係の混乱の代表例は、日本製鉄のUSスチールの買収提案です。企業としてのＵＳスチールは自力では経営が非常に苦しいと白旗を挙げているため、当然、経営側も投資家サイドも買収に合意しています。

けれども約85万人の組合員の集票力を持つ全米鉄鋼労働組合（ＵＳＷ）が「日本に首根っこを押さえられて鉄鋼労働者の雇用が確保されないのではないか、労働条件もどんどん悪化するのではないか」と懸念し、民主党に対しても共和党に対しても「日鉄による買収は断固阻止してほしい」という陳情合戦を繰り返したわけです。それで大統領選で組織票を必要としたハリス陣営もトランプ陣営も、「日鉄による買収には断固反対」という立場を取ってしまいました。

そして２０２５年1月3日にバイデン前大統領は、日鉄による１４１億ドル（約2兆２００億円）規模のＵＳスチール買収計画を阻止する決定を下したのでした。これに対して日鉄は、ＵＳスチール買収に不当に介入したとして1月6日にバイデン大統領を提訴しています。

現実を見ると、今のＵＳスチールはかつての輝きを失っているのは明らかです。このままではアメリカの別の鉄鋼会社に買収されるか、日鉄の軍門に下ったうえで新しい道を模索するしか選択肢は残されていません。日鉄の側も雇用を確保し新しい技術導入でＵＳスチールを復活させようと、さまざまな手立てを考えています。目下、政治的にはそういう提案がなかなか受け入れてもらえない状況が続いているのです。ただし日鉄の経営陣は電気自動車（ＥＶ）メーカーに販売する薄鋼板の導入について簡単に言及した以外、買収後のＵＳスチール再編計画の詳細は発表していません。

そもそもＵＳスチールは１９０１年、銀行家のＪＰモルガンや鉄鋼王のアンドリュー・カーネギーによって誕生したアメリカを代表する企業です。１９６０年代までは世界最大の鉄鋼会社でした。しかし日本や韓国、さらに中国に追い抜かれ、２０２２年の粗鋼生産量は世界27位にまで落ち込んでいます。アメリカ国内でもかつての勢いは失われ、ニューコア、クリーブランド・クリフスに次ぐ3位にすぎません。

それでもアメリカ有数の鉄鋼メーカーであることは間違いないし、日鉄による買収後の詳細が分からず、アメリカの議会関係者や経営者の間では多くの疑問がささやかれています。特にアメリカの老朽化した原子力発電所に鍛造鋼部品を取り付けるために日鉄がエネルギー省（ＤＯＥ）と契約を結んでいる点も疑心暗鬼を生んでいるようです。

アメリカとしては、世界ナンバーワンの鉄鋼メーカーであったＵＳスチールが日本の軍門に下るというのはプライドが許さないという部分は確かにあります。とはいえ、鉄鋼については自国企業が経営不振に陥っても外資に買収させるわけにはいかないというのは、世界中で相互依存関係が深まっていることに加えて、経済合理性にも反しています。本来、あり得ない話です。

2つの大問題が日本製鉄に立ちはだかっている

しかしながら、今回の日鉄によるＵＳスチール買収計画は単なる商取引とは別の２つの大きな問題をはらんでいます。

１つは、アメリカの中核経済インフラの牙を抜くことになる可能性を秘めていることです。これはアメリカの軍事力に深刻な影響を与えることにもなりかねません。

鉄はあらゆる近代兵器の建造の基本材料です。言い換えれば、アメリカにとっても鉄鋼は自国の防衛と対外的な競争において有利に立つうえで欠かせない戦略的資産にほかなりません。アメリカの政策立案者、特に国防関係者の間では、アメリカと相互防衛条約で結ばれ一見離れがたい同盟国である日本の企業といえども、中国、ロシア、北朝鮮等との間で民生技術という名目で商業的に関わっている可能性があるという懸念が払拭されていないのです。

そうした観点に立てば、日本政府が日米安保条約を放棄または裏切るように求める強力な隣国からの圧力に抵抗できるかどうかは、未知の領域にほかなりません。そのため、日本企業によるUSスチール所有は2国間の防衛同盟を保証するものではなく、日本がアメリカの兵器調達能力を低下させ、アメリカの安全保障上の立場を阻害する恐れがあるという指摘が出始めているのです。これは「日本警戒論」と言えるでしょう。

もう1つの大きな問題は歴史的な経緯に関わっています。日鉄の前身である新日本製鐵は、八幡製鉄と富士製鉄が1970年に合併して誕生しました。戦前、八幡製鉄は日本海軍に鋼板や鋼管を供給しており、それらの部品はアメリカの第2次世界大戦参戦のきっかけとなった真珠湾攻撃に加わった航空母艦、爆撃機、戦艦、潜水艦にも使われていたのでした。そのため日本の敗戦後、八幡製鉄は連合国の占領軍当局によって解散させられてしまいました。

日本軍による真珠湾への奇襲攻撃にアメリカ人は激怒していたため、ルーズベルト政権も当初、北九州の八幡製鉄の本社と溶鉱炉に最初の原爆を投下する計画を立てたほどでした。80年前にホワイトハウスは八幡製鉄を核の火の玉で爆破する準備をしていたわけです。しかし多くの民間人が戦争の犠牲になることを昭和天皇に認識させるため、原爆投下による報復は人口の多い広島と長崎に切り替えられたと言われています。

今のアメリカでは「第2次世界大戦の過去の経緯を忘れてしまって、USスチールを日鉄の傘下に押し込めるというのは許しがたい。もし日鉄に身売りするようならUSスチールの取締役を全員解任すべきだ」といった批判も実は芽生えつつあるのです。こちらは「過去の歴史へのこだわり」になります。

一般的なアメリカ人は八幡製鉄の製品によって日米が戦火を交えたという歴史には関心がありません。今のアメリカでは、日本は寿司やアニメ、ビデオゲームといった無害な文化の発信元と見なされ、外国に脅威を与えることはありえない国として受け入れられているようです。しかしかつての日米戦争の記憶が蘇れば、アメリカ人の対日観にも変化が生じることもあり得ます。

以上の2つの大きな問題に注意しなければなりません。どちらもまだ議論されていないので、日鉄も岸田前政権も石破新政権も気がついていません。日本政府も日鉄もできるだけ早くアメリカ国内でくすぶる日本警戒論と過去の歴史へのこだわりを把握し、対策を講じていく必要があります。

日本政治に求められる創造的な発想による対応

アメリカはどんどん地盤沈下し、多くの国がアメリカから距離を置き始めているのに、日本はいまだにアメリカに首根っこを押さえ付けられていると言っても過言ではありません。しかし今日、世界各国にとっても当然日本にとっても衰退の危機に陥っているアメリカとどう向き合うかが大きな課題となってきました。自民党のなかにも「今こそアメリカの影響から脱するべきだ」という考え方の人も少数ながらもいます。

その１人が高市早苗衆議院議員でしょう。依然としてアメリカ一辺倒の状況に苛立ってか、２０２４年の自民党総裁選でも高市候補は、経済安全保障という観点から「日本が自前の防衛力、抑止力を高めることは絶対に不可欠であり、それを支えるための新しい産業が必要です。民生技術は幅広く応用が利くので、そういうところで新しい産業を起こし世界経済に貢献しましょう」という観点から論戦に挑みました。

他方、石破候補は「アジア版のＮＡＴＯをつくることによって、アメリカだけではなくてヨーロッパも巻き込んでアジアの安全保障を日本が確実に受け入れるようにしたい」と発言しました。「自衛隊の訓練場所が国内では限られているので、アメリカ国内に自衛隊が米軍と一緒に訓練できる場所を新たにつくりたい」とも主張しました。

けれども石破氏は総裁選に勝利して首相の座に就くと、そうした主張はすべて封印してしまいました。どうやら肝心のアメリカから時期尚早と「待った」をかけられたようです。安全保障問題には詳しいと見られてきた石破首相も対米交渉などの外交には不向きではないかと懸念する声が、内外から聞こえてきます。

いずれにせよ、何かにつけてアメリカを一番のモデルとしてきた日本としても今後は、未来志向で政治のあり方、外交、国際関係の進め方を模索する知恵と能力のある集団を育成する必要があります。さもなければ有権者の政治不信は解消されないでしょう。納得できない有権者は結局、「投票なんかしても意味ないだろう」と政治的無関心を続けるだけです。新たな政治家集団が登場しない限り、結局、元の木阿弥《もくあみ》で、自民党は生まれ変わらないままにゾンビのごとく生き続けることになりかねません。

実際、すでに有権者の半分は投票に行こうとしません。政治には無関心になってきています。なぜかと言うと、自分たちが1票を投じても変化はないだろう、大きな流れは変えられないだろう、と諦めているからです。つまり、「今の政治は頼りにならない」と思っていても、選挙そのものに信用を置いていません。これでは政治も変わらず、相変わらず「金権政治」も繰り返されるでしょう。

そのような状況では混乱と停滞が広がり、日本でも独裁者的な政治家が現われてくるかもしれません。あるいは外圧で無理やり変革を余儀なくされるようなこともありえます。日本としては同盟国アメリカとどういう関係を取り結んでいくことが国益にかない、国民の生活にプラス効果が期待できるでしょうか。やはり政治には創造的な発想による対応が求められます。

ただし短期的な視点では、アメリカの中枢に再び座ったトランプ大統領という指導者がいったい何を考え何をしようとしているのか、冷静に捉えなければなりません。

最後にもっと視野を広げて言うと、かつて「ジャパン・アズ・ナンバーワン」とエズラ・ヴォーゲル教授が持ち上げてくれた時期がありました。当時、日本の１人勝ちという予想が大手を振っていたわけです。けれども、日本はその予想にうまく応えることができませんでした。日本が今のような閉塞的な状況に陥ってしまった背景にはやはり理由や要因があります。それらをしっかり分析、評価しない限り、次の時代を切り拓く見取り図は描けません。

なお、全世界でウクライナ戦争やガザ危機などが起こっているのに、２０２４年の自民党総裁選に立候補した９人の政治家の誰もそうした世界の悲惨な事態に対する発言を行いませんでした。政治家が内向きの姿勢で固まっていて、日本は生き残っていけるのでしょうか。だから政治家だけに任せるのではなく、国民１人ひとりが迫りくる困難に対して真剣に向き合う必要があります。対岸の火事とばかり無関心を装っていたのでは日本沈没は避けられないでしょう。現実を見つめて行動しなければなりません。

おわりに

ノストラダムスの生い立ちから始め、彼の残した予言にヒントを得ながら、現在の国際政治や日本の近未来を分析してみました。後半の部分で、これからの世界をインドが牽引するであろうとの予言に触れました。

そのインドでは「現代のノストラダムス」と呼ばれる占星術師クマールが活躍していいます。彼は２０２４年のアメリカでの大統領選の結果も踏まえて、「２０２５年には世界的に政治も経済もぐらつき始める」との予言を繰り返し述べています。

これは、膨大な財政赤字を抱えるアメリカに見切りを付け、アメリカの富裕層は資産を海外へ流出させるとの見立てにほかなりません。トランプ大統領の「アメリカ・ファースト」政策は世界をさらなる対立と分断に追いやる不安定要素になるのでしょうか。

クマール師は「新たな感染症の蔓延が２０２５年の春から始まる」とも予言しています。「医療体制の崩壊もあり、アメリカの国家としての統一そのものが危うくなる」とも警告しているのです。

アメリカ一国では対応ができなくなり、インドや日本などからの協力や支援がなければ国家破綻もありえるという衝撃的な予言と言えるでしょう。ノストラダムスもクマール師も「第3次世界大戦の勃発」では一致しています。彼らの予言が外れることを切に願うばかりです。

本書で繰り返し紹介したように、予言は「未来への忠告」あるいは「警鐘」として受け取ってほしいと、ノストラダムスは謙虚な言葉を残しています。そんな大予言者の思いを汲み取り、読者の皆さんが1人ひとり、自分の五感を研ぎ澄ませ、ご自分の未来図を思い描いていただく際の参考になれば幸いです。

最後にこの場を借りて、本書の企画から出版まで先導役としてご協力いただいた編集者の水無瀬尚氏に感謝を述べたいと思います。ありがとうございました。また、これまでの著作と同様、最初から最後まで原稿に目を通し、容赦なく赤を入れてくれた家内、由美子にも心から謝意を表するしだいです。

浜田和幸

（著者プロフィール）
浜田和幸（はまだ・かずゆき）
国際政治経済を未来学の観点から分析する第一人者。新日本製鉄勤務後、米ジョージ・ワシントン大学大学院にて政治学博士号修得。戦略国際問題研究所（CSIS）や議会調査局（CRS）での研究活動を経て、帰国後、国際未来科学研究所を設立。参議院選挙に当選した後、総務大臣政務官、外務大臣政務官を歴任し、東日本大震災復興推進会議メンバーや２０２０年東京オリンピック・パラリンピック招致委員としても活躍。世界各国に独自の人脈ネットワークを持つ。『ヘッジファンド』（文春新書）や『たかられる大国・日本』（祥伝社）など、多くのベストセラーを出している。
HP：www.hamadakazuyuki.com

封印されたノストラダムス　世界崩壊の黙示録

2025年3月15日　第1刷発行

著　者　浜田　和幸
発行者　唐津　隆
発行所　株式会社ビジネス社
〒162－0805　東京都新宿区矢来町114番地　神楽坂高橋ビル5F
電話　03－5227－1602　FAX 03－5227－1603
URL　https://www.business-sha.co.jp/

〈カバーデザイン〉大谷昌稔
〈本文デザイン＆DTP〉茂呂田剛（エムアンドケイ）
〈編集協力〉尾崎清朗
〈印刷・製本〉モリモト印刷株式会社
〈編集担当〉水無瀬尚　〈営業担当〉山口健志

ISBN978-4-8284-2687-7